中京大学経済学研究叢書第25輯

# 環境外部性と課税政策
―― 成長モデルによる分析 ――

平澤　誠　著

# はしがき

　1995 年以降，毎年開催されている国連気候変動枠組条約締約国会議（締約国会議を意味する Conference of the Parties の頭文字をとって COP と称する）は，2016 年 11 月の開催で 22 回を数えた．京都議定書に代わる地球温暖化対策の新たな国際的枠組みである「パリ協定」は，2015 年 12 月に開催された COP21 で採択された．京都議定書が採択から発効までに 7 年かかったことを考えると，パリ協定が，次の年の COP を迎える前に発効することになったことは，地球温暖化問題の重要性が世界の人々にスピード感をもって認知されるようになったという印象である．ところで，京都議定書とパリ協定の一番の違いは，これまでの温室効果ガスの排出に対して，誰が責任を持つかということであろう．パリ協定で，先進国だけではなく，途上国を含むすべての国々が同様に責任を持つという合意に至ったのは大きな変化である．京都議定書が採択された 1997 年当時の温室効果ガス排出量は，OECD による排出量が世界のそれの半分を占めていた．しかし現在，OECD による排出量が世界の排出量に占める割合は 3 分の 1 である．このように，新興国を中心とする OECD 以外の国々は経済成長を経験し，世界の温暖化問題での存在感を増したため，もはや先進国の対策だけでは地球温暖化問題は解決の糸口さえつかめないものとなった．経済学で環境と成長を扱った研究が，京都議定書が採択された頃に比べて下火になったかというとそうではなく，かつての先進国がそうであったように，京都議定書の頃に途上国といわれていた国々がいままさ

に経済成長を遂げながら環境の問題に直面している．このように，環境と成長の関わりの研究は決して過去のものではなく，舞台が先進国から途上国に移行しつつあるのであって，新しいところで少しずつかたちを変えて新たな環境と成長の問題が生まれている．いまなお先進国においても，あるいは，先進国と途上国の関わりのなかで，新たな環境と成長の問題が生まれている．環境と成長の問題を扱う本書は，特に，世代間の衡平に焦点を当てており，第3章，第4章，そして第5章のモデルは，世代間の衡平を扱う際に有力なツールである世代重複モデルの枠組みで分析をおこなっている．

　本書の構成は以下のようである．

　第1章では，まず，環境経済学という研究分野の範疇についての確認をおこなう．また，経済成長モデルの枠組みで環境を扱った先行研究の流れを概観し，特に環境をどのように定式化するかという観点から，その議論を簡単に整理する．そして，環境と成長の関わりを論じるに際して，地球環境問題の現状を知るべく，その問題の代表ともいえる温室効果ガスの排出の現状や，途上国の温暖化対策を支援する取組みについてまとめる．

　第2章では，成長モデルの枠組みで環境の問題を扱った先行研究をサーヴェイする．これまで環境と成長を扱った多くの先行研究で用いられてきた無限時間視野モデルと，将来世代への配慮の分析に重きをおいた世代重複モデルについて，それぞれ環境の問題を分析した代表的なモデルを紹介する．それらの議論をサーヴェイすることにより，各モデルがどのような特徴を持ち，またどのような問題を対象とするのに適しているのかを整理する．

　第3章では，企業に対して環境に配慮することを求める社会か

らの圧力と経済成長にどのような関係があるのかを分析する．企業の環境に対する配慮は，昨今，社会から厳しく評価されており，配慮が小さいと社会に判断された企業は，たとえば資金調達の面で競争力を失うかもしれない．あるいは，追加的な広告費用など自社の企業イメージを保つための努力をしなければならないかもしれない．その意味で，社会からの圧力の高まりが企業にとっての費用を高めるような状況が起こり得るであろう．第3章では，そのような圧力が経済成長に与える影響を世代重複モデルの枠組みで分析する．

　第4章では，人的資本蓄積を組み入れた世代重複モデルの中でフローの環境の質を考慮して，環境と経済成長の関わりを議論する．そこでは，課税政策が人的資本蓄積への影響を通じて経済成長や環境に及ぼす長期的な効果を分析する．

　第5章では，京都議定書やパリ協定などの国際的な取り決め，具体的には，所得水準の異なる国の間で排出削減の負担をどのようなルールで配分するかが，それらの国々の所得格差にどのような影響を与えるのかという問題に関心を向ける．第5章では，そのような問題を分析した Hirazawa, Saito and Yakita（2011）の議論を紹介する．そこでは，第4章で用いられた人的資本蓄積を含む世代重複モデルが2国モデルに拡張され，さらに両国が直面する環境の質として，ストックの環境が考慮される．

　これまで筆者は多くの先生方のお世話になっている．それらの先生方の支え，ご指導がなければ本書は完成しなかった．

　本書第5章で紹介する共同論文だけでなく，これまでいくつも

の共同研究を行う機会を与えて頂き，数多くのご指導と研究上の刺激を常に与えて頂いている焼田党先生（南山大学）に，まず心より感謝申し上げたい．筆者が中京大学大学院の大学院生であったときから指導教員として，また共同研究者としてご指導いただいている釜田公良先生（中京大学）にも記して感謝申し上げたい．また，本書にもその一部を取り入れた筆者の博士論文の審査委員であった中京大学の白井正敏先生，山田光男先生には議論の改善のために多くのコメントを頂いた．ここに改めて御礼申し上げる．

　筆者がこれまで研究を続けてこられたのは，筆者が参加するマクロ経済学研究会（Nagoya Macroeconomics Workshop）の先生方からの研究上の刺激やご指導によるところが大きい．特に長い間お世話になっている研究会メンバーの大住康之先生（兵庫県立大学），宮澤和俊先生（同志社大学），大森達也先生（中京大学），北浦康嗣先生（法政大学）にこの場を借りて感謝申し上げたい．また，小川光先生（東京大学）には，小川先生が名古屋大学在任中に研究員として研究する機会を与えていただいた．筆者にとって大変貴重な研究環境であった．そのような機会を与えていただいた小川先生に深く感謝申し上げたい．また，本書第4章には，井上知子先生（南山大学）との共同論文の内容を取り入れている．その内容を本書に加えることをお許しいただいた井上先生に深く御礼申し上げる．本書第5章で紹介する共同研究では，共同研究者である筑波大学大学院の斎藤晃一氏との議論から多くのことを学んだ．記して感謝申し上げたい．中京大学経済学部の先生方には出版の機会を与えていただき，また日頃より研究に対する刺激を与えていただいている．ここに改めて感謝申し上げる．

そして，筆者がこの道に進むきっかけを与えていただいた恩師，故木村吉男先生に，この場を借りて心からの感謝の気持ちを表したい．

　最後に，勁草書房編集部の関戸詳子氏およびスタッフの方々には，締め切りを何度も遅らせていただいたり，編集作業での度重なる変更の願いに応じていただいたりと，大変にお世話になった．この場を借りて深くお詫びとお礼を申し上げたい．

2017 年 1 月

平澤　誠

# 目　　次

はしがき　i

第1章　環境問題と経済学 …………………………………… 3
    1.1　はじめに　3
    1.2　経済成長モデルと環境外部性　8
    1.3　経済成長と環境保全：課税による財源調達　13
    1.4　地球温暖化問題の現状　13

第2章　経済成長モデルと環境外部性 ………………………… 27
    2.1　はじめに　27
    2.2　Gradus and Smulders（1993）のモデル：
        無限時間視野モデルと環境外部性　29
    2.3　無限時間視野モデルによる環境外部性の研究　42
    2.4　John and Pecchenino（1994）のモデル：
        世代重複モデルと環境外部性　45
    2.5　世代重複モデルによる環境外部性の研究　52
    2.6　本書で用いられるモデル　58

第3章　排出費用，企業行動と経済成長 ……………………… 63
    3.1　はじめに　63

3.2　モデル　66

3.3　企業に対する社会からの圧力と成長率の関係　75

3.4　おわりに　78

補論 1　79

補論 2　80

補論 3　81

## 第 4 章　人的資本蓄積と環境外部性
──課税政策の成長効果　85

4.1　はじめに　85

4.2　モデル　88

4.3　動学体系　93

4.4　政策効果　96

4.5　おわりに　105

補論 1　長期均衡の存在と一意性　106

補論 2　長期均衡の安定性　109

## 第 5 章　排出削減の負担配分と経済成長
──Hirazawa, Saito and Yakita（2011）の議論　113

5.1　はじめに　113

5.2　Hirazawa, Saito and Yakita（2011）の議論　114

5.3　おわりに　124

参考文献　127

環境外部性と課税政策

# 第1章
# 環境問題と経済学[1]

## 1.1 はじめに

　本書では，経済成長モデルの枠組みのなかで環境の問題を検討していく．本書での議論は「環境経済学」の研究分野の範疇にある．そこで最初に，経済学では環境をどのような軸で捉え，理解しているのか，環境問題のどのような側面を扱うのかについて整理しておきたい．

　環境問題へのアプローチは実にさまざまであって，環境学，社会科学，工学，生物学，農学など多くの学問分野で研究対象とされている．社会科学のなかの経済学が環境問題を扱うとき，経済学と環境問題との関わり方には2つの方向があり得る．第1に，経済学のツール，たとえば，外部性の問題，あるいは現在世代と将来世代の間の公平性の問題に環境問題をあてはめて，課税や補助金，あるいは数量規制という政策手段の効果を分析するという方向と，第2に，対象をある環境問題に定めてそれを分析するためには経済学のどのようなツールを用いればよいかを探すという方向である．本書の議論は前者の立場に立つものであり，使われるモデルが想定している「環境」は，そのモデルが表現し得るものであれば，工場排水であっても騒音であっても，あるいは地球温暖化の問題であっても

よく，環境を広く解釈するという立場をとる．

　ところで，経済学は環境，あるいは環境問題のどのような側面に注目するのであろうか．経済学における環境の捉え方について，「環境は空間的，時間的広がりを持つ」および「環境は公共財である」という考え方が重要である[2]．

　まず，環境の空間的広がりについて説明しよう．生産活動に付随して汚染物質が排出されるとき，その汚染物質は生産がおこなわれた場所に留まらずに，地域，さらには国を超えて，人々に負の影響を及ぼすことがある．この負の影響が生産のおこなわれた地域に留まる場合，それはローカルな環境問題といわれる．1960年代に次々と社会問題化した，富山県のイタイイタイ病，熊本県の水俣病，新潟県の新潟水俣病，そして三重県の四日市公害の4大公害が日本におけるその代表例である．これら4大公害への反省から制定されることとなった公害対策基本法（昭和42年法律第132号）[3]に基づき，当時の厚生省は1969年に「昭和44年版公害白書」を刊行した．その後，1971年に環境庁が発足し[4]，「公害白書」は1972年に「環境白書」と名称が変更され，環境庁により刊行されることとなった[5]．「平成5年版環境白書」までは，総説の第1章の第1節に「公害等の現状」という節が設けられた年が多かったが，それより後の環境白書にはこの節が見当たらず，総説の第1章第1節には地球温暖化問題などのグローバルな環境問題が取りあげられることが多くなった．このように，社会が注目する環境問題は，経済成長の過程で，産業公害に代表されるローカルな環境問題から地球温暖化などのグローバルな環境問題になり，経済学でも同様に，ローカルな環境問題に加えて，グローバルな環境問題

が盛んに扱われるようになった．しかし，現在，ローカルな環境問題がなくなったかというと決してそうではなく，自動車の排出ガスなどによるPM2.5といった大気汚染に中国北京市は悩まされているし，日本でも2016年に豊洲市場で土壌汚染問題が発覚して築地市場からの移転が延期されたことによる大きな社会損失が生じている．その他，都市部における騒音の問題は以前と変わらず発生しているし，地下水の過剰採取や土地の掘削による地盤沈下など新しいタイプの都市型公害も生まれている．さらに，2011年3月に起こった福島の原発事故による放射能汚染も，近隣住民が避難生活を強いられているという意味でローカルな環境問題といえるかもしれない．このように，ローカルな環境問題は日本でも，世界でも，大いに関心をもたれている問題である．このように，環境問題には，従来からある産業型の公害や都市型の新しい公害のようなローカルな環境問題から，地球温暖化など国や地域を超えたグローバルな環境問題まで含まれ，空間的な広がりを持つ問題であるといえる．

　経済学が環境問題を扱う際に重要視する2つめの点は，環境の時間的な広がりである．生産活動によっていま排出された汚染物質が，蓄積されて将来世代に負の影響を与えることがある．汚染を発生させた者と汚染から被害を受ける者が同じ時点に存在しない場合，仮に汚染者負担による原則で被害者に金銭的な補償をするとなった場合でも，汚染による被害者が汚染の発生者に直接被害を訴える機会をもつことは難しく，その結果，いわゆるコースの定理が成立するための前提条件を満たすことができなくなる．このため，環境被害が見過ごされたり，放置されたりする恐れがある．ところで，先に挙げた環境の空間的な広がりも加味すれば，汚染発生源の

近くに住むことになる将来世代の人々だけでなく，そこから遠く離れた場所に住むことになるかもしれない将来世代の人々も，過去にどこかで引き起こされた汚染による不利益を被るかもしれないということになる．このように，現在起きている環境汚染は将来世代のすべての人々に負の影響をもたらす可能性があり，したがって，政府が，将来世代の利益が著しく損なわれないような対策を考えることが重要である．現在世代だけでなく，将来世代の厚生も十分に加味された制度設計をするという考え方は，経済学が重視する点であり，モデルにフローの変数だけではなく，ストックの変数を組み込み，差分方程式や微分方程式によって時間を通じた環境ストックの変遷をみようとするのは，この環境の時間的な広がりを分析に取り入れて，世代間の不均衡を是正し，経済学の立場から持続可能な成長，発展を模索しようとするためであると考えられる．

最後に，環境を公共財と捉えるという考え方について説明する．これは，環境を市場の失敗を引き起こす公共財の一種として捉えてその外部効果をどのように内部化するかを考えようとする伝統的な経済学の考え方の延長にあって，この考え方は現在でも変わらない．環境は非排除性と非競合性の少なくとも1つを有するという点で，公共財である．非排除性とは，対価を支払わなかったとしても財サービスを使用できるということで，非競合性とは，ある人が財サービスを使用したとしても他の人の消費を減らすことはない，ということである．たとえば，漁業資源の枯渇問題は，誰でも漁場に入り魚を捕ることができる状況ならば非排除性を満たす．ただし，他の人が魚を捕ると自分はその魚を捕ることができないため，非競合性は満たされない（競合性がある）．他方，たとえば自

動車の排出ガスによる大気汚染の問題は，いわゆる炭素価格付け（carbon pricing）がおこなわれず，したがって排出ガスを出すことにコストがかからない状況であって，かつ誰かが排出ガスを出したからといって，自分が排出ガスを出すことができなくなるということもないため，非排除性と非競合性がともに満たされる純粋公共財と解釈できよう．地球規模の温室効果ガス排出の問題も同様である．追加的に実施する温暖化対策にいくら出してもよいか，という問いに対して，人々はさまざまな金額を提示するであろう．また，中には温暖化対策から得られる追加的な便益を過少に偽り，低い金額を提示する人もいるであろう．公共財供給に際しては，いわゆるただ乗り（フリーライド）が起こることがあるので，政府は，公共財を最適な水準で供給するために，適切な制度設計をすることが必要となる．フリーライドの問題は経済学では公共財の最適供給のところで論じられ，環境を公共財として捉えることで，環境を扱う場合にこれまでの知見が生かされる．このように，環境を公共財として捉えるということは，経済学で環境を扱う際の1つの特徴である．

環境の空間的，時間的側面，そして，公共財としての側面を重視するというのが経済学における環境問題への接近の仕方であって，環境経済学は，これらに関わること全般を扱う学問である．環境について，より広範な定義もありうるであろうが，先にも述べたように，本書は，経済学のツールを使って環境に関わる諸問題，特に環境と成長との関係を議論することを目的としているため，環境そのものに対する定義をこれ以上掘り下げることはしない．

## 1.2 経済成長モデルと環境外部性

環境外部性が経済の成長プロセスとどのように関わるのか，という問題が経済学者の関心を集めはじめたのは，1970年代に入ってからである．いうまでもなく，それ以前にも環境は経済学の1つの研究対象であり，1.1節で述べたように，それは市場の失敗を引き起こす公共財の一種として，たとえばその外部効果をどのように内部化するかという問題が議論されていた．しかし，それらの議論は，おもに静学的な枠組みによるものであった (e.g., Pigou (1920), Coase (1960), Ayres and Kneese (1969), Baumol and Oates (1971))．一方，1960年代は，経済成長理論がさかんに研究された時期であった．60年代の成長論の分析では市場経済が前提とされ，そこで達成される競争的均衡における資源配分に関心が向けられた (e.g., Cass (1965), Koopmans (1965))．そして，それに続く研究として，経済成長理論は環境の問題と結びつくことになる．環境は，動学的経済における市場の失敗の例を与えており，それが成長論と結びつくことは，ある意味で必然であったかもしれない．そこでは，新古典派的最適成長論の枠組みに環境的要因が組み入れられ，環境外部性の存在が動学的な資源配分に与える影響が分析された (e.g., Keeler, Spence and Zeckhauser (1971), Forster (1973), Mäler (1974), Gruver (1976))．しかし，そこでの分析は，成長モデルの枠組みでそれまでの静学的な外部性の議論をやり直すという側面が強い．あるいは，環境的要因が加わるとき，資本蓄積などの経済活動の水準は長期的にどのようなものになるか，というように，環境の成長に対する制約としての側面に関心が向け

られていた．よって，「持続可能」(sustainable) という言葉に象徴されるような，環境は人間社会を持続させるための 1 つの本質的な要素である，という認識はあまりなかったように思われる[6]．そして，その後，経済学者の関心は，成長に対する制約としての環境，たとえば枯渇資源の問題や再生可能資源の問題などに向きはじめることになり[7]，直接厚生と結びついた形での環境の問題は，本質的な問題としては扱われなくなっていった[8]．しかし，1980 年代になると，人々の環境に対する関心が高まるにつれて，経済学者の間でも，環境が成長と本質的に結びつくものとして捉えられるようになっていった．すなわち，それまでのような，成長に対する制約という考え方ではなく，環境保全と経済成長はともに目的として考慮されるべきもの，環境は経済成長を達成するためにも必要なもの，として認識されるようになった．そして，1980 年代後半の Romer (1986) と Lucas (1988) の論文をきっかけとして始まる新しい成長論の発展のなかでは，70 年代とは異なり，環境外部性は経済成長を決定する 1 つの重要な要素として取り扱われるようになっていった (e.g., Michel and Rotillon (1992), Gradus and Smulders (1993), Ligthart and van der Ploeg (1994), Stokey (1998))．ここで，1970 年代の研究と 1980 年代後半以降の研究との違いについて若干の説明を加えておきたい．それらの研究の相違点として，1 つには，いうまでもなく用いられるモデルの違いが挙げられる．しかし，2 つの研究の流れを分ける，より本質的でかつ重要な違いは，環境の捉え方，およびどのようなインプリケーションを導き，そして結果をどのように解釈するかの違いにある．すなわち，1970 年代の研究では，環境を考慮する場合，資本の黄金率水

準は考慮しない場合と比べて低くなる，などの結論が導かれ（e.g., Brock (1977)），成長を阻害するものとしての環境に焦点が当てられていた．一方，1980年代後半以降の研究では，上で述べた持続可能という言葉の解釈に示されているように，環境を保全することが人間社会を持続させるためには必要なことであるという立場から，たとえば，環境をある水準に維持するためにはどうすればよいか，環境水準の維持と成長を両立させるためには，どのような資源配分が望ましいか，など環境保全と経済成長はともに目的として考慮されるべきものという観点からモデルのインプリケーションが導かれ，また結果の解釈も，そのような立場からおこなわれている．それが，2つの研究の流れの大きな違いであろう．本書の議論も，そのような流れに属している．そして，以上のような流れのなかで発展してきた成長モデルの枠組みを使って，環境が経済成長におよぼす効果，および課税による環境保全活動の長期的な効果を分析することが本書の目的である．

ここで，1.1節において概観した環境経済学が扱う分析範囲の議論に基づき，成長モデルの枠組みを使った環境問題の議論において環境がどのように定式化されているか，先行研究における環境の定式化を整理しておこう．

先行研究で用いられている環境の定式化には，次のような型がある：

(1) 蓄積型（ストック）か，それとも非蓄積型（フロー）か
(2) 環境悪化要因は消費か，生産か，あるいは資本ストックか

（1）の分類は，環境として何を考えるかに関わる．たとえば，温室効果ガスによる地球温暖化の問題やPM2.5のような微小粒子状物質の長期的な複合汚染の問題を考えようとすると，その定式化としては蓄積型を用いるのが適切であろう．一方，騒音や酸性雨による健康被害を考える場合には，非蓄積型による定式化が適切かもしれない．たとえば，Keeler, Spence and Zeckhauser (1971), Forster (1975), Tahvonen and Withagen (1996), Bovenberg and Smulders (1998), Wirl (1999), John and Pecchenino (1994), John, et al (1995), Ono (1996), Ono and Maeda (2001) などでは蓄積型の環境の定式化が採用されている．一方，Forster (1973), Gruver (1976), Gradus and Smulders (1993), Hettich (2001) では，非蓄積型の定式化が用いられている[9]．

（2）の分類は（1）の分類にも関連する．いうまでもなく，環境として何を考えるかによって，その悪化要因が何であるかは異なってくる．たとえば，自動車による排出ガス汚染を考えるのであれば，そのときの環境悪化要因は消費と考えるべきかもしれない．また，発展途上国における急激な工業化による大気汚染は，資本ストックに依存していると考えられる．先行研究においても，たとえば，Mëler (1974), Forster (1975), John and Pecchenino (1994), Ono (1996), John, et al. (1995), Ono and Maeda (2001) では，消費を環境悪化要因と考えており，Keeler, Spence and Zeckhauser (1971), Brock (1977), Becker (1982), Jouvet et al. (2000) では生産を環境悪化要因と考えている．また，Gradus and Smulders (1993), Bovenberg and Heijdra (1998), (2002) では，資本ストックが環境悪化要因である．

しかし，(2) の分類については，たとえば $CO_2$ などの温室効果ガス排出の問題を考える場合，それは日常生活における消費活動からも，企業による生産活動からも排出されている．水質の汚染を考える場合にも，生活排水と工場からの排水の両方（あるいはさらに別の要因）が原因であると考えられる．そして，生産活動からの排出を考える場合にも，それが生産水準と資本ストックのどちらに依存するかについては，考えようとするケースによりどちらの場合もあり得るであろう．そして，対象としている環境の質に対してどの要因が影響を与えているか，あるいは複数の要因が影響を及ぼしている場合，どのような割合でそれぞれが影響を与えているのか，という問題はまた別に検討される必要がある．

以上の点を踏まえ，ここで環境の捉え方に関する本書の立場を再度確認しておこう．本書では，どのような環境を扱うのかということは明示的には考えない．実際，先行研究においても，どのような問題が対象で，その問題にとって適切な環境の定式化は何か，どの環境悪化要因の効果に興味があるか，という観点からモデルにおける環境の定式化が選択され，各モデルの定式化に適合する環境問題が，その研究が対象としている環境問題であるという立場がとられていることが多い．本書でも，環境をそのように取り扱う．そして，本章の最初にも述べたように，環境を多くの対象を含むより広い視点から捉え，それらに共通する環境の特性が経済活動や厚生の水準に対してどのような影響を与えるのか，そのような特性をもっている環境を保全するにはどうすればよいのか，などの問題を検討する．いいかえれば，環境というものを，上で述べたような広い視点で捉えたときに共通して存在する経済問題を分析することが，本

書の目的である．

## 1.3 経済成長と環境保全：課税による財源調達

一般に，環境政策は，排出規制などの直接的な手段と，環境税，排出量取引，環境補助金などの間接的な手段に分類されるが，そのどちらが望ましいのかという点については議論の分かれるところであろう．成長モデルを使って環境の問題を分析している先行研究においても，最適な成長経路を実現するために，直接規制と間接的手段のどちらを用いるべきかという議論がおこなわれている（e.g., Stokey（1998））．特に，課税による排出削減費用の調達は，成長モデルによって環境問題を分析した多くの先行研究で議論されている．その理由として，まず現実との関係では，税の導入は，既存のシステムの変更の問題であり，排出量取引のような新たな市場を導入する必要がないことがあげられるかもしれない[10]．また，経済学的な理由としては，税に関する先行研究の数は膨大で，結果の比較が可能であり，また分析の手法も確立されていることなどがあげられるであろう．そこで，先行研究においても，消費税，利子所得税，などによる排出削減で最適経路が達成できるかという問題も検討されている（e.g., Ono（1996），Yoshida（1998），Grimaud（1999），De Mooij（2000））[11]．

## 1.4 地球温暖化問題の現状

前節でも述べたように，本書の目的は，理論的な成長モデルの枠

組みを使って環境の問題を議論することであるが，それらの議論を動機づけるために，ここで，現実の環境，およびそれに対する対策の現状について若干の整理をしておきたい．本節では，地球温暖化問題に焦点を当て，温室効果ガスの排出の現状，および各国のそれに対する対策の現状についてまとめる．

**1.4.1 温室効果ガス排出の現状と先進国による途上国支援の取組み**

図 1-1 は，1970 年から 2012 年までの世界の温室効果ガス（Greenhouse Gas: GHG）排出量の推移を示したものである．下から 1 段目の層が OECD 諸国による排出量を，2 段目の層が BRICS による排出量を，そして 3 段目の層がその他の国々の排出量を表している．図より，温室効果ガスの総排出量は約 40 年の間に 2 倍となり，その増加のほとんどが BRICS による排出の増加であることがわかる．

次に，図 1-2 は経済活動と温室効果ガスの排出との関係をみるために，世界全体の GDP 合計を横軸に，温室効果ガスの排出量を縦軸にとり，1970 年から 2012 年までの各年についてそれらの点をプロットしたものである．この図から，それらの点は時間とともに右上に向かって推移しており，温室効果ガスの排出量が経済規模と密接に関わっていることがわかる．

ところで，図 1-1 のもととなるデータより，2012 年の温室効果ガス排出量は，多い国から中国，アメリカ，インド，ブラジル，ロシア，日本，カナダ，ドイツ，コンゴ，インドネシア，オーストラリア，韓国，メキシコ，ボリビア，イギリス，イラン，サウジアラビア，ミャンマー，フランスの順となっている．BRICS の国々は

図 1-1　世界の温室効果ガス排出量

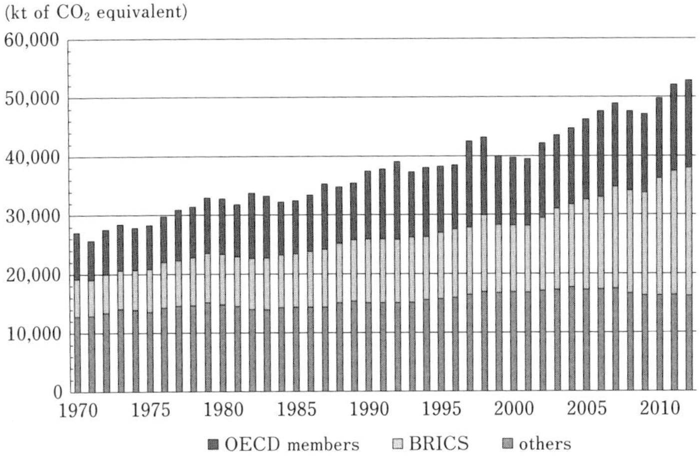


出所：*World Development Indicators 2016* より作成

上位 5 か国に南アフリカ以外の 4 か国が入っており，BRICS の温室効果ガス排出量が多いことがわかる．

図 1-3 は，BRICS の国ごとの温室効果ガス排出量の推移を表すグラフである．この図より，中国の 2000 年以降の排出量の増加は著しく，群を抜いて排出量が多いこと，また，インド，ロシア，ブラジルの 3 か国の排出量はいずれも近年 3,000kt $CO_2$ e 近くであること，そして，それらの国々よりは少ないが南アフリカの排出量も徐々に増えてきていることが確認できる．

図 1-1 でみたように，OECD 諸国全体では，温室効果ガスの排出量はこの 20 年でそれほど大きく増加してはいない．しかし，個々の国をみると，排出量が増加している国，および減少している国が存在する．図 1-4 は，アメリカ，日本，カナダ，ドイツ，オーストラリア，韓国，イギリス，フランスの温室効果ガス排出量の推

**図1-2 世界全体のGDPと温室効果ガス排出量の関係**

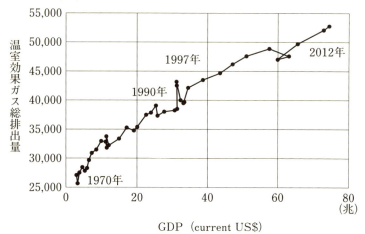

出所：*World Development Indicators 2016* より作成

**図1-3 BRICSの国々の温室効果ガス排出量の推移**

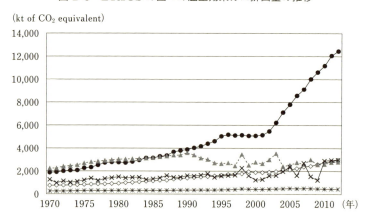

出所：*World Development Indicators 2016* より作成

移を示している．この図から，アメリカの排出量が他の国々と比較して突出して多いことがわかる．

そして，アメリカ以外の国々の推移をみるため，アメリカを除いて同じグラフを描いたのが次の図 1-5 である．この図より，減少傾向にあるのは，ドイツとイギリスのみであり，日本を含むその他の国は上昇傾向にあることがわかる．また，カナダとオーストラリアは毎年の振れ幅が大きいこともわかる．

図 1-1 に示されるように，世界の温室効果ガスの排出量に占める BRICS やその他の国々の排出量の割合が年々高まってきているなか，京都議定書に代わる地球温暖化対策の新たな国際的枠組みである「パリ協定」が 2016 年 11 月 4 日に発効した．京都議定書では，温室効果ガスの排出削減義務が先進国のみに課されていたが，他方，パリ協定では，途上国を含むすべての国々が自国の排出削減目標を国連に報告し，それを 5 年ごとに更新することになった．この更新に際して各々の国が目標を段階的に引き上げるにためには，先進国は途上国に対して積極的に環境保全を目的とした技術面や資金面での支援をすることが重要になると考えられる．そこで，先進国から途上国へのそのような支援について簡単に整理しておきたい．

先進国が途上国の環境対策に対して技術や資金などを支援する取組みとして最初に思いつくのは，京都議定書の第 12 条に定められたクリーン開発メカニズム（Clean Development Mechanism；CDM）であろう．クリーン開発メカニズムとは，先進国が途上国で排出削減プロジェクトを実施し，プロジェクト実施により生じた排出削減分について発行された CER（Certified Emission Reduc-

18　第1章　環境問題と経済学

図 1-4　OECD 諸国の温室効果ガス排出量

出所：*World Development Indicators 2016* より作成

図 1-5　OECD 諸国の温室効果ガス排出量（アメリカを除く）

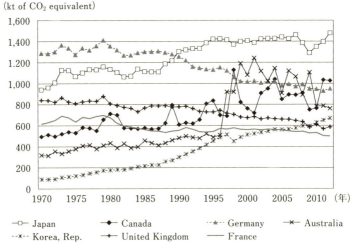

出所：*World Development Indicators 2016* より作成

tion）を先進国の排出削減分に加えることができるとする制度である．京都議定書の第 12 条には，クリーン開発メカニズム導入の目的は，途上国の持続可能な発展に資するため，そして，排出削減義務を負う先進国が数値約束を達成することを支援するためであるとされているが，先進国にとっては，クリーン開発メカニズムは排出削減の緩和措置という位置づけであった．また，クリーン開発メカニズムは市場メカニズムが基本であるため，排出枠価格の低下による制度の維持可能性の問題に加え，排出削減が費用効率的におこなわれるプロジェクトが優先的に選択され，途上国の持続可能な発展を支える手段として万能であるとはいえない．そこで，途上国のニーズに先進国の援助を結び付け，結果として温室効果ガスの排出の削減に寄与するよう，NAMA（Nationally Appropriate Mitigation Actions: 途上国における適切な緩和行動）[12] を先進国が支援する仕組みに注目が集まっている．

　2007 年の COP13 で出されたバリ行動計画の 1（b）（ii）において，「持続可能な発展を目指すという文脈において，途上国による NAMA は，測定，報告，および検証が可能な方法でおこなわれ，技術や資金，キャパシティビルディングについて支援を受けるもの」とされた[13]．さらに，2009 年の COP15 のコペンハーゲン合意では，「先進国が途上国の緩和（mitigation）と適応（adaptation）のために，2010 年から 2012 年の間に 300 億 US ドルの資金援助をおこない，2020 年まで毎年 1000 億 US ドルを資金調達する」とされた．

　また，2010 年にメキシコのカンクンでおこなわれた COP16 では，緑の基金（Green Climate Fund: GCF））の設立が採択され，

カンクン合意に記載された．そして，その基本設計については，2011年に南アフリカのダーバンでおこなわれたCOP17におけるダーバン合意のDecision 3, "Launching the Green Climate Fund"に記載されている．COP17は，UNFCCCによるNAMAレジストリの運営が表明されたという点でも重要な意味があった．NAMAレジストリでは，途上国がNAMAに対する国際的な支援を求めて自国のNAMAに関する情報を掲載している．ここでは，途上国が求めている技術，資金，キャパシティビルディングについて，先進国が申し出る支援との間でマッチングがおこなわれ，NAMAを実行に移す手助けとなっている．プロジェクトの実行に際しては資金面の援助という点が重要である．MANAの資金面での問題を解決しようと，京都議定書の第1約束期間が終了する2012年のCOP18（ドーハ）では，ドイツの連邦環境自然保護原子力安全省（Federal Ministry for the Environment, Nature Conservation, Building and Nuclear Safety: BMUB）[14]とイギリスの（Department for Business, Energy and Industrial Strategy: BEIS）が，NAMA Facility[15]の設立を宣言した．2016年10月にオランダの研究機関であるEnergy research Centre of the Netherlands（ECN）とECOFYSが出した"Annual Status Report on Nationally Appropriate Mitigation Actions (NAMAs) 2016"という報告書によれば，現在，64か国で203のNAMAsがあり，そのうち19のプロジェクトが実行中である．これら19のプロジェクトはいずれも国際的な資金援助を受けており，これらのうち，14の資金援助はNAMA Facilityがおこなっており，NAMA Facilityは，NAMAsへの資金の支援の筆頭機関となっている．

以上のように，現実のグローバルな環境保全対策において，先進国から途上国への支援は1つの有効な手段として用いられている．本書第5章で紹介するモデルでは，途上国支援には触れてはいないものの，経済発展の度合いが異なる国々の間で温室効果ガスの削減負担をどのように配分するかを考えており，本書では，地球温暖化問題で先進国と途上国がどのように関わっていくのかという問題にも関心を向けている．

### 1.4.2 炭素価格付けについて

続いて本節では，温室効果ガス排出に関わる炭素価格付けについてまとめておく．炭素価格付けとは，炭素の排出に価格を付けることで $CO_2$ を排出する国や企業，消費者などの経済主体にコストを負担させ，それら主体に排出削減のインセンティブを与えることを目指す仕組みのことであり，排出量取引制度（Emission Trading Scheme: ETS）や炭素税（Carbon Tax）などがその代表例である．世界の炭素価格付けの現状と動向は，世界銀行の *State and Trends of Carbon Pricing* という報告書に詳しくまとめられている[16]．

2016年10月の同報告書をみると，排出量取引を導入している国と地域は22，炭素税を導入している国と地域は16ある．その報告書から，1990年初めから欧州の国々はすでに炭素税を導入していること，国際的な排出量取引の始まりは2005年に開始された欧州排出量取引制度（EU ETS）であること，2013〜2014年に中国の2省5都市で排出量取引制度パイロット事業が始まり，2017年からの「中国排出量取引制度（全国ETS）」という中国全体での制度

の導入が予定されていること，また日本では 2012 年 10 月に「地球温暖化対策のための税」が導入されたが，他方で排出量取引制度の導入についてはまだ検討段階にあること[17]，などがわかる．

中国は上述の排出量取引のパイロット事業を 2017 年に全国制度にすることを予定しており，*State and Trends of Carbon Pricing* では，中国排出取引制度（全国 ETS）が 2017 年に開始された場合，炭素価格付けの制度が全世界の温室効果ガス年間総排出量をカバーする割合（以下，GHG カバー率とよぶ）が，2016 年では 13％ であるのに対し，2017 年には 20〜25％ に上昇する可能性があると指摘している[18]．

2016 年に導入されたカナダ，ブリティッシュコロンビア州の BC GGIRCA，オーストラリアの Australia ERF，そして，2017 年に導入が予定されているカナダ，オンタリオ州の Ontario CaT とアルバータ州の炭素税は，2015 年の同報告書においては予定としても取りあげられていないことから，現在，急速に炭素価格付けの導入，特に排出量取引の導入が進んでいることがわかる．ただし，現在，GHG カバー率が高いのは欧州排出量取引制度，次いで日本の炭素税（地球温暖化対策のための税）であり[19]，価格低迷が続く欧州排出量取引制度の立て直し，そして，日本の炭素税の維持が，温室効果ガス削減のために重要であることもわかる．

環境問題の 1 つである地球温暖化問題は，1.1 節で述べたグローバルな環境問題の代表例であり，本節で提示したデータからもそれが経済の発展と密接に関わっていることがわかる．この問題に対処するために，世界各国は炭素価格付けの制度を採用し，先進国だけでなく，BRICS に代表される新興国もそういった施策を始めよう

としている．本書で扱う税は，炭素税ではないが，所得税や消費税などの課税によって排出削減費用を調達するという考え方は，税を利用して人々の行動を変え，それが経済成長に影響を与え，そしてその結果として環境水準の改善が実現するのであれば，一種の環境税であるとも解釈し得るであろう．

注

[1] 本章は，平澤（2002）の第1章前半に，近年の環境に関わるデータや環境対策の動向を追加して大幅に書き換えたものである．
[2] 以下で述べるような，環境が持つ「空間的広がり」および「時間的広がり」という側面については，例えば植田（1996）で指摘されている．
[3] 1993年に公害対策基本法は廃止され，環境基本法が成立した．
[4] 1971年に環境庁が発足し，2001年の省庁再編成により環境省となった．
[5] 昭和43年度の公害白書が「昭和44年版公害白書」に対応する．その後，45年版，46年版が発表された．以降，公害白書は47年版からは環境白書と名称変更された．さらに，平成19年から「循環型社会白書」が，そして平成21年からは「生物多様性白書」が「環境白書」と合冊となり，環境に関わる白書が「環境白書」に統合されていった．
[6] "sustainable development" という概念は，1987年に「環境と開発に関する世界委員会（World Commission on Environment and Development: WCED）」がまとめた報告書 "Our Common Future" で初めて提唱された．その概念はただちにさまざまな分野で用いられるようになり，日本においても，それは「持続可能な開発」あるいは「持続可能な発展」と訳されて，その言葉の定義に関するさまざまな議論がなされてきた．その中で，持続可能な成長（sustainable growth）という派生語も生まれたが，環境汚染の問題に対して悲観的な立場をとる学者などからは，その言葉は，「環境」よりも

「成長」を強調しすぎであるという批判がなされ，その背後にある経済合理性という考え方が非難されてきた．しかし，本書では，あえて資源制約のもとでの効用最大化という従来の経済理論の立場から"sustainable"という言葉を理解して，その議論を展開していく．しかし同時に，経済合理性の考え方のなかに負の財としての環境汚染を組み入れて，その負の効用を考慮している．そこでは，ここで述べているような1970年代における研究とは異なり，人間社会が持続可能であるために本質的なものとして環境を捉えている．

7) たとえば，Dasgupta and Heal（1974），Kemp and Long（1984）を参照．

8) しかし，この間に環境と成長との関係には限らない環境問題の分析も経済学者たちにより続けられてきた．その文献の数は膨大である．その結果の一部が，たとえば論文集 Oates（1992）に集められている．

9) ところで，(1)の分類に関連して，環境を効用関数にどのように組み入れるかという問題もある．たとえば，上で挙げた大気汚染の問題は，地球温暖化などにより将来世代に悪影響を及ぼすだけではなく，喘息などを引き起こすことで当該世代にも悪影響を及ぼしている．このような場合，効用関数の変数として環境のストックを考えるか，それとも環境のフローを考えるかということが問題となるが，効用関数の中に環境に関わるどの変数を入れるかということと，モデルの中でストックとしての環境を考えるかあるいはフローとしての環境を考えるかということは，分けて考えるべき問題である．この点に関する議論は，たとえば van der Ploeg and Withagen（1991）でおこなわれている．

10) もちろん，成長モデルに排出量取引を導入して分析をおこなっている文献もある．無限時間視野モデルでは，たとえば，Stokey（1998），Leiby and Rubin（2001）がある．また，世代重複モデルでは，Ono（2001）で分析がおこなわれている．

11) ほかにも，新しい（環境）税の導入，あるいは税制改革による将来世代のパレート改善の可能性を議論している文献もある．たとえば，Bovenberg and de Mooji（1997），Hettich（1998），Bovenberg

12) 途上国が自主的に温室効果ガスの排出量を削減する活動のことを意味する．
13) Bali Action Plan の 1 (b) (ii) に，"Nationally appropriate mitigation actions by developing country Parties in the context of sustainable development, supported and enabled by technology, financing and capacity-building, in a measurable, reportable and verifiable manner;" とある．
14) Bundesministerium für Umwelt, Naturschutz, Bau und Reaktorsicherheit の略である．
15) http://www.nama-facility.org/
16) オランダの ECOFYS という研究機関が，世界銀行に委託されて 2013 年から毎年この報告書を作成している．
17) 環境省地球環境局市場メカニズム室が 2016 年 6 月にまとめた報告書『諸外国における排出量取引の実施・検討状況』には，「……国内排出量取引制度に関しては，我が国の産業に対する負担やこれに伴う雇用への影響，海外における排出量取引制度の動向とその効果，国内において先行する主な地球温暖化対策（産業界の自主的な取組など）の運用評価，主要国が参加する公平かつ実効性のある国際的な枠組みの成否等を見極め，慎重に検討を行う．」とあり，排出量取引導入に日本が慎重であることがわかる．ただし，日本でも東京，埼玉，京都の 3 つの自治体は排出量取引を導入している．

and Heijdra (1998), Ono and Maeda (2002b) を参照されたい．また，井堀（2003）においても所得税や消費税などの課税が環境におよぼす効果が分析されている．

18) World Bank (2016) によれば，2006 年における GHG カバー率は 4% であった．
19) World Bank (2016), p.26 の図 5 によって確認できる．

# 第2章
# 経済成長モデルと環境外部性[1]

## 2.1 はじめに

　本章では，成長モデルの枠組みを使って環境の問題を議論している先行研究を整理する．成長モデルには，大きく分類すれば，無限時間視野モデルと世代重複モデルがある．本書の第3章以降で用いられるモデルは，いずれも後者の世代重複モデルであり，世代重複モデルに環境的要因を導入したモデルで分析がおこなわれる[2]．無限時間視野モデル，世代重複モデルには，それぞれが適した分析の対象があり，環境と成長の議論においてもどのような問題を扱うかによってモデルの選択が異なってくる．ここで各タイプのモデルによる代表的な議論を紹介し，それらの特徴を概観しておくことは以下の議論にとっても有益であると思われる．そこで本章では，無限時間視野モデルと世代重複モデルのそれぞれについて，先行研究の議論を簡単に整理しておきたい．無限時間視野モデルは，個人の計画期間と経済の時間視野が同じであるため，無限の将来にわたる各変数の推移を考慮した個人の最適化行動を分析することができる．したがって，たとえば，環境がストック変数としてモデルに組み込まれる場合に，無限の将来にわたる環境の推移を考慮に入れた最適な資源配分はどのようなものかといった問題を検討するために

有用である．一方，世代重複モデルでは，経済の時間的視野は無限大であるが，個人の計画期間は有限である．このため，たとえば個人の経済活動が将来世代に負の効果を与えるという状況を考えることができる．環境問題がこれほどに深刻化した1つの原因として，将来世代への配慮が欠けており，世代間の衡平性という視点が不十分であったことが挙げられる．そのような異世代間の外部効果を分析する場合には，世代重複モデルによる分析が適切であろう[3]．いうまでもなく，どちらのタイプのモデルによる分析が望ましいかは，どのような問題を分析するかに依存する．そこで本章では，最初に，各タイプのモデルを使った先行研究で代表的と思われるものを紹介し，それに続いて，各タイプのモデルによる先行研究を簡単に整理することにする．

無限時間視野の代表的モデルとして，ここでは，Gradus and Smulders（1993）を紹介する．Gradus and Smulders（1993）は，新古典派モデル，$Ak$ モデル，Lucas モデル，および Lucas モデルに排出の人的資本蓄積に対する効果を導入した4つのタイプのモデルに環境的要因を導入し，環境に対する選好と成長率の関係を分析している．そこでは，1970年代の最適成長論における結果と，1980年代後半からの内生的成長論における結果が統一的に議論されている．その意味で，Gradus and Smulders（1993）の議論は，環境外部性と経済成長に関する研究の方向を考える上での基礎になり得ると考えられる．

世代重複モデルを使った代表的研究としては，John and Pecchenino（1994）の議論を紹介する．John and Pecchenino（1994）のモデルは，Samuelson（1958），Diamond（1965）型の世代重複

モデルに環境的要因を導入したモデルであり，環境外部性の問題を世代重複モデルにより分析した先行研究の基礎をなすモデルであると考えられる．John and Pecchenino（1994）でなされたモデルの想定，特に環境の質の推移式は，その後の研究においてもしばしば採用されている．

## 2.2　Gradus and Smulders（1993）のモデル：無限時間視野モデルと環境外部性

Gradus and Smulders（1993）では，次の4つのケースが検討されている：

(1) 新古典派的成長モデルのケース
(2) Rebelo モデルのケース
(3) Lucas モデルのケース
(4) 拡張 Lucas モデルのケース

ここで，(1) の新古典派的成長モデルのケースとは，いわゆる Ramsey-Cass-Koopmans 型の最適成長モデル[4]に，汚染物質の排出が効用に与える負の影響を導入したものである．その経済の生産技術は，資本と効率労働を投入要素とする規模に関して収穫一定の新古典派的生産関数で表される．しかし，そこでは，労働生産性の上昇が外生的に与えられている．(2) の Rebelo モデルのケースとは，Rebelo（1991）のモデルに，排出による効用への負の効果を導入したものである．そこでは，生産における投入要素は（人

的資本も含んだ広義の）資本だけであり，その資本に関して線型の生産技術（いわゆる $Ak$ 型の生産関数）が仮定されている．(3) の Lucas モデルのケースとは，Lucas (1988) で分析された，人的資本蓄積を成長のエンジンとする内生成長モデルに，汚染物質の排出が効用に与える負の影響を導入したものである．このとき，生産技術は，新古典派的成長モデルのケースと同様に，資本と効率労働を投入要素とする一次同次の生産関数で表されるが，労働生産性の上昇は，個人の学習による人的資本の蓄積によって引き起こされる．そして，(4) の拡張 Lucas モデルのケースでは，(3) のモデルに，さらに汚染物質の排出が人的資本蓄積に負の影響を与える可能性が考慮されている．なお，以後，各ケースを簡単に新古典派ケース，Rebelo ケース，Lucas ケース，拡張 Lucas ケースとよぶことにしよう[5]．

それでは，Gradus and Smulders (1993) のモデルの紹介に入ろう．Gradus and Smulders (1993) では，無限期間生存する個人からなる閉鎖経済のモデルが用いられる．いま，その国の人口は時間を通じて一定であると仮定しよう．ここでは，それを 1 に基準化する[6]．そして，その国の財市場，および要素市場は，すべて完全競争的であるとする．

個人は，無限の時間的視野を持ち，すべて同質的であると仮定される．そこで，代表的個人の行動を考える．代表的個人は，各時点において，財の消費から正の効用を得るが，同時に環境汚染物質の排出から負の効用を得る．いま，その個人の瞬時的効用関数を $U(c, P)$ とする．ただし，$c$ は 1 人当たり消費であり，$P$ は経済全体における環境汚染物質の排出である．このとき，代表的個人の生

涯効用が次式で与えられる.

$$\int_0^\infty e^{-\rho t}U(c,P)dt, \ \rho > 0 \qquad (2\text{-}1)$$

ただし，$\rho$は主観的な割引率である．Gradus and Smulders（1993）では，汚染物質の排出のフロー$P$は，経済全体の資本ストック$K$と，排出削減のための支出によって決まると仮定されている．そこでは，$K$が環境悪化要因である．経済全体における排出削減のための支出を$Z$で表すと，それを$P=P(K,Z)$と書くことができる．ここでは，人口を1に基準化しているので，1人当たりの排出削減支出を$z$，1人当たりの資本ストックを$k$で表すと，$K=k$，$Z=z$である．以下では，経済全体の資本ストック，および経済全体の排出削減支出も$k,z$で表す[7]．

いま，個人の単位時間当たりの時間賦存量を1とする．各個人は，その時間賦存量を，労働供給と人的資本蓄積のための学習の時間に配分する．よって，労働供給時間を$u$とすれば，人的資本蓄積のための学習時間は$1-u$となる．そこでは，人的資本の蓄積方程式が次式のように仮定されている．

$$\dot{h} = \varepsilon(1-u)h - \xi Ph + \nu h \qquad (2\text{-}2)$$

ただし，$\varepsilon, \xi, \nu$はパラメータである．(2-2) 式は，右辺が第1項だけの場合がいわゆるLucas型の人的資本蓄積方程式に対応している．右辺第2項は，環境汚染物質の排出が，健康への悪影響な

どを通じて人的資本の蓄積を阻害する効果を表している．そして右辺第 3 項は，外生的な人的資本蓄積を表す．いま，人的資本ストックが $h$ のとき，個人が単位時間当たり供給する効率労働は $uh$ となる．

企業の生産技術は，資本ストック $k$ と効率労働 $uh$ を投入要素とする生産関数 $F(k, uh)$ で表される．ただし，上で述べたように，新古典派ケースの分析では，労働生産性の上昇は外生的に決まると仮定されるから，訓練による労働生産性の上昇はない．したがって，そのときには $u = 1$ が個人にとって最適となり，そのとき効率労働は $h$ となる．なお，汚染物質の排出が人的資本の蓄積に影響を与えないと仮定される場合（$\xi = 0$），そのときの $h$ の成長率は $\nu$ となり，それは外生的に与えられている．また，Rebelo ケースでは，人的資本を広義の資本に含めて考えるため，人的資本（あるいは効率労働）が明示的にはモデルに含まれないことになる．

Gradus and Smulders (1993) は，生産関数 $F$，効用関数 $U$，および排出関数 $P$ を次のように特定化して分析をおこなっている．

$$U(c, P) \equiv \log c - \phi \frac{P^{1+\psi}}{1+\psi}$$

$$F(k, uh) \equiv A k^{\beta} (uh)^{1-\beta}$$

$$P(k, z) \equiv \left(\frac{k}{z}\right)^{\gamma} = \left(\frac{K}{Z}\right)^{\gamma}$$

ただし，生産技術に関するパラメータ $A$, $\beta$，排出関数に関するパラメータ $\gamma$，および効用関数に関するパラメータ $\psi$, $\phi$ はすべて正

数であり,また,$0 \leq \beta \leq 1$ が仮定されている.

以上のような経済で,社会計画者による最適化問題を考える.最も一般的な形で書くと,それは次のように与えられる.

$$\max_{c,z,u} \int_0^\infty e^{-\rho t} \left[ \log c - \phi \frac{P^{1+\psi}}{1+\psi} \right] dt$$

subject to

$$\dot{k} = Ak^\beta (uh)^{1-\beta} - c - z \tag{2-3}$$
$$\dot{h} = \epsilon(1-u)h - \xi \left(\frac{k}{z}\right)^\gamma h + \nu h \tag{2-4}$$
$$k(0) = k_0, \ h(0) = h_0 \tag{2-5}$$

ただし,$k_0$ と $h_0$ は所与である.

最初に述べた4つのケースは,それぞれパラメータの次のような組み合わせの場合に対応している.

新古典派ケース:
 $0 < \beta < 1, \epsilon = \xi = 0, \nu \geq 0$

Rebelo ケース:
 $\beta = 1, \epsilon = \xi = \nu = 0$

Lucas ケース：

$0 < \beta < 1, \epsilon > 0, \xi = 0, \nu \geq 0$

拡張 Lucas ケース：

$0 < \beta < 1, \epsilon > 0, \xi > 0, \nu \geq 0$

ただし，Gradus and Smulders (1993) は，Lucas ケースと拡張 Lucas ケースにおいては $\nu = 0$ を仮定している．

それではまず，上の社会計画問題をすべてのパラメータを含んだ形で一般的に解くことを考える．そこで，ハミルトニアンを次のように設定する．

$$H = \log c - \frac{\phi}{1+\psi}\left(\frac{k}{z}\right)^{\gamma(1+\psi)} + \theta_1[Ak^\beta(uh)^{1-\beta} - c - z] \\ + \theta_2\left[\epsilon(1-u) - \xi\left(\frac{k}{z}\right)^\gamma + \nu\right]h$$

ただし，$\theta_1$ と $\theta_2$ は，それぞれ $k$ と $h$ に対応する補助変数である．ここで，最適化条件を求めると，

$$\frac{\partial H}{\partial c} = \frac{1}{c} - \theta_1 = 0 \tag{2-6}$$

$$\frac{\partial H}{\partial z} = \left[\phi\gamma\left(\frac{k}{z}\right)^\mu + (\theta_2 h)\gamma\xi\left(\frac{k}{z}\right)^{-\psi\gamma+\mu}\right]k^{-1} - \theta_1 = 0 \tag{2-7}$$

$$\frac{\partial H}{\partial u} = (1-\beta)(\theta_1 k)\frac{y/k}{u} - \epsilon(\theta_2 h) = 0 \qquad (2\text{-}8)$$

$$\frac{\partial H}{\partial k} = \theta_1 \beta \frac{y}{k} - \left[\phi\gamma\left(\frac{z}{k}\right)^{-\mu} + (\theta_2 h)\gamma\xi\left(\frac{z}{k}\right)^{\psi\gamma-\mu}\right]\frac{z/k}{k}$$

$$= \rho\theta_1 - \dot{\theta}_1 \qquad (2\text{-}9)$$

$$\frac{\partial H}{\partial h} = (1-\beta)(\theta_1 k)\frac{y/k}{h} + \theta_2 \hat{h} = \rho\theta_2 - \dot{\theta}_2 \qquad (2\text{-}10)$$

となる．ただし，$\mu \equiv 1 + \gamma + \gamma\psi$ である．ここで，Gradus and Smulders（1993）は，次のような変数 $r$ を導入する．

$$r \equiv \frac{1}{\theta_1}\frac{\partial H}{\partial k} \qquad (2\text{-}11)$$

$r$ は，効用の単位で測った資本の社会的限界価値を表す．いま，(2-7)，(2-9)，および (2-6) を使うと $r$ は次のように書くことができる．

$$r = \beta\frac{y}{k} - \frac{z}{k}\left(=\rho - \frac{\dot{\theta}_1}{\theta_1} = \rho + \frac{\dot{c}}{c}\right) \qquad (2\text{-}12)$$

ここで，時間の配分（i.e. $u$ の値）が時間を通じて一定となり，そのほかの各変数が一定の率で成長する均斉成長経路が存在すると仮定する．上の最適化条件を使うと，均斉成長経路上では，次の関係が成り立つことが確認できる．

$$\frac{\dot{y}}{y} = \frac{\dot{c}}{c} = \frac{\dot{z}}{z} = \frac{\dot{k}}{k} = g \qquad (2\text{-}13)$$

$$\frac{\dot{h}}{h} = \frac{\dot{k}}{k} \qquad (2\text{-}14)$$

$$\frac{\dot{k}}{k} = -\frac{\dot{\theta}_1}{\theta_1}, \quad \frac{\dot{h}}{h} = -\frac{\dot{\theta}_2}{\theta_2} \qquad (2\text{-}15)$$

Gradus and Smulders (1993) は，このような均斉成長経路における成長率 $g$，資本の限界価値 $r$，および生産-資本比率 $y/k$ の値に注目する（ただし，$y \equiv Ak^\beta(uh)^{1-\beta}$ である）．均斉成長経路上では，$g$, $r$, および $y/k$ は定数となるから，最適化条件を使って均斉成長経路の条件を書き直すことにより，各ケースについて，これら3つの値を決定する3本の式が得られる．それらは次のように与えられる．

新古典派ケース：

$$g = \nu \qquad \text{(TECH)}$$

$$g = r - \rho \qquad \text{(PREF)}$$

$$r = \beta \frac{y}{k} - (\phi\gamma)^{\frac{1}{\mu}} \left[\rho + (1-\beta)\frac{y}{k}\right]^{1/\mu} \qquad \text{(CAP)}$$

Rebelo ケース：

$$g = r - \frac{1}{\phi\gamma}(A-r)^\mu \qquad \text{(TECH)}$$

$$g = r - \rho \tag{PREF}$$
$$\frac{y}{k} = A \tag{CAP}$$

Lucas ケース:

$$r = \epsilon \tag{TECH}$$
$$g = r - \rho \tag{PREF}$$
$$r = \beta\frac{y}{k} - (\phi\gamma)^{\frac{1}{\mu}}\left[\rho + (1-\beta)\frac{y}{k}\right]^{1/\mu} \tag{CAP}$$

拡張 Lucas ケース:

$$g = \frac{r}{\beta} + \frac{1-\beta}{\beta}a - \frac{1}{\phi\gamma}\left[a^\mu - \xi(1-\beta)\frac{\gamma}{\rho}\left(\frac{r+a}{\beta}\right)a^{\psi\gamma}\gamma\right] \tag{TECH}$$
$$g = r - \rho \tag{PREF}$$
$$\frac{y}{k} = \frac{1}{(1-\beta)\phi\gamma}\left[\left(\beta\frac{y}{k} - r\right)^\mu - \xi(1-\beta)\frac{\gamma}{\rho}\left(\frac{y}{k}\right)\left(\beta\frac{y}{k} - r\right)^{\psi\gamma}\right]$$
$$\quad - \frac{\rho}{1-\beta} \tag{CAP}$$

ただし,

$$a \equiv \left(\frac{\xi}{\epsilon - r}\right)^{\frac{1}{\gamma}}$$

である.

　Gradus and Smulders（1993）は，長期均衡における Keynes-Ramsey 法則で表される $g$ と $r$ の関係を PREF 曲線と呼んだ（上の各ケースで2本目の式）．そして，そのほかの条件から得られる $g$ と $r$ の関係式を TECH 曲線と呼んでいる（上の各ケースで1本目の式）．3本目の式は，$r$ の値が決まったときに最適な生産-資本比率を決定する式である．Gradus and Smulders（1993）はそれを CAP 曲線と呼んでいる．新古典派ケース，Rebelo ケース，および Lucas ケースの各々について，TECH 曲線，PREF 曲線，および CAP 曲線を描いたものが，図 2-1 から図 2-3 である[8]．各図では，上半分が $r-g$ 平面であり，そこには TECH 曲線と PREF 曲線が描かれている．下半分は $r-(y/k)$ 平面で，そこには CAP 曲線が描かれている．各ケースとも，TECH 曲線と PREF 曲線で $g$ と $r$ の値が決まる．そして，そこで決まる $r$ に対応して CAP 曲線により $y/k$ の値が決まる．ここで注意しておきたいのは，PREF 曲線は4つのすべてのケースについて共通であるということである．それに対して，TECH 曲線は各ケースについて異なるため，その両方から決まる成長率，および資本の限界価値に対する各パラメータ変化の効果が異なったものとなる．それではここで，これらのケースについて，いくつかの特徴を取りあげてみよう．

　まず，新古典派ケースでは，TECH 曲線と PREF 曲線の形状からわかるように，環境に対する選好が変化しても，長期的な成長率 $g$，および資本の社会的限界収益率 $r$ は影響を受けない．新古典派成長論の枠組みでは，長期的な成長率は選好に関するパラメータに依存しないことからもわかる．そして，そのときに変化してい

## 2.2 Gradus and Smulders (1993) のモデル

図 2-1 新古典派ケース

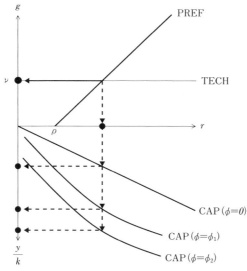

出所：Gradus and Smulders (1993) の Fig.1 (p.32) より作成

るのは，生産‐資本比率 $y/k$ である．CAP を表す式からわかるように，環境に対する選好が強くなる（すなわち $\phi$ が上昇する）と，資本の私的限界生産物 $\beta y/k$ と社会的限界収益率 $r$ との乖離が広がる．長期的に資本の社会的限界収益率は変化しないから，投資からもとの収益率を得るためには資本の限界生産性を上昇させなくてはならない．よって CAP 曲線は下にシフトすることになる．すなわち，新古典派ケースでは，環境に対する選好が高まると，より排出の少ない生産プロセスに移行する（図 2-1 を参照）．

次に，Rebelo ケースを見てみよう．Rebelo ケースでは TECH 曲線が右上がりになる．それは次のように考えればよいであろう．投資が活発なとき（すなわち，$g$ の値が高くなると），資本 1 単位

図 2-2 Rebelo ケース

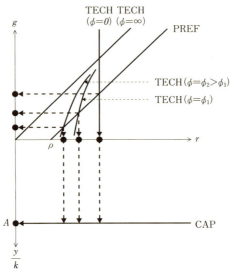

出所:Gradus and Smulders (1993) の Fig.2 (p.35) より作成

当たりの消費と環境投資が減少する[9]．よって，資本の限界生産物から，環境投資の受け取る割合 $-P_z/P_k = z/k > 0$ が減少するから，物的資本の社会的な収益率 $r$ は上昇する[10]．そのような右上がりの TECH 曲線は，$\phi$ の上昇により上にシフトするから，環境への選好が高まると成長率は下がることになる（図 2-2 を参照）[11]．一方，Rebelo ケースでは，要素間の代替が排除されているため，生産−資本比率は技術的に与えられる定数となる．

続いて，Lucas ケースを見よう．この場合，PREF 曲線と CAP 曲線は新古典派ケースの場合と同じである．なぜなら，それらは人的資本投資とは無関係に決まってくるからである．一方，Lucas ケースでは，TECH 曲線が垂直に与えられる．Lucas ケースでは，

2.2 Gradus and Smulders (1993) のモデル　　41

図 2-3　Lucas ケース

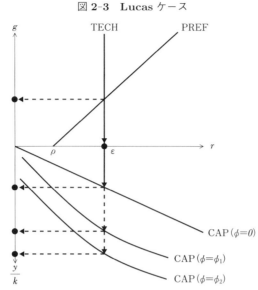

出所：Gradus and Smulders (1993) の Fig.3 (p.39) より作成

TECH 曲線は，物的資本投資と人的資本投資の裁定条件を表している．そして，ここでは人的投資の限界収益率 $\varepsilon$ は外生的に与えられるから，TECH 曲線 $r = \epsilon$ は横軸に垂直となる（図 2-3 を参照）．ここで，図 2-3 の上半分は，Lucas (1988) とまったく同じ結果であり，環境への選好の効果は，この部分には現れていないことに注意したい．なぜなら，いま考えている Lucas ケースでは，汚染排出は，物的投資の限界収益率に対してのみ影響を与えており，人的投資の限界収益率に対しては影響を与えていないからである．よって，Lucas ケースでは，環境への選好の変化は，成長率に影響を与えない．

　一方，拡張 Lucas ケースでは，TECH 曲線は環境に対する選好

の変化の影響を受ける．それは，排出が物的資本だけではなく人的資本投資の限界収益率に対しても影響を与えているからである．図2-3の横軸に対して垂直な TECH 曲線は，$\xi = 0$ のケースであり，これを $\xi > 0$ としたものが拡張 Lucas ケースの TECH 曲線であると考えることができる．拡張 Lucas ケースにおける TECH 曲線は一般に直線ではない．TECH 曲線の形状と位置は，パラメータの値により，さまざまなケースがありうる．Gradus and Smulders (1993) は，「広い範囲のパラメータの組み合わせに対して，$\phi$ が高まることで成長率が上がるという状況が成り立つ[12]」と主張しているが，その分析の詳細は述べられていない．とはいえ，シミュレーションによってあるパラメータの組み合わせに対しては，確かに $\phi$ が上昇したとき，$g$ も上昇する可能性があることが示されている．環境への選好の高まりと経済成長は両立し得るという Gradus and Smulders (1993) のこの結果は大変興味深い[13]．

以上，Gradus and Smulders (1993) の議論を紹介した．Gradus and Smulders (1993) のひとつの貢献は，環境が人的資本蓄積への影響を通じて経済成長に与える効果をはじめて分析したこと，さらに，そのとき環境への関心と経済成長は両立し得ることを示したことであろう．

## 2.3 無限時間視野モデルによる環境外部性の研究

ここでは，無限時間視野モデルを使って環境外部性の問題を扱っている先行研究を簡単に整理しておきたい[14]．無限時間視野モデルによる分析では，Gradus and Smulders (1993) のように成長の

## 2.3.1 先行研究の分類

　Gradus and Smulders（1993）によって検討されたような新古典派的な最適成長モデルの枠組みに，汚染排出の効果を導入して分析をおこなったのは，Keeler, Spence and Zeckhauser（1971）が最初の文献であろう．その後，Forster（1973），Gruver（1976）でも同様の枠組みを使って分析がおこなわれている．そこでは，1960年代に発展した最適成長モデルの枠組みに環境的要因が導入されている．そして，Ramsey-Cass-Koopmans 型のモデルに汚染排出を組み入れると，そのときに達成される長期的な資本水準は，排出を考慮しない場合の黄金率水準よりも低くなるという結論が得られている[15]．

　内生成長モデルの分析において考えられている代表的な成長のエンジンとしては，知識外部性，人的資本蓄積，企業の R&D 活動が挙げられる．知識外部性による成長モデルの枠組みで環境の問題を考えたものの1つとして，まず上で紹介した Gradus and Smulders（1993）における Rebelo ケースの分析がある．そのほかの文献として，Huang and Cai（1994）は，$Ak$ 型の内生成長モデルを分析している．Gradus and Smulders（1993）ではフローの排出が考えられていたが，Huang and Cai（1994）は，環境ストックを考え，環境への考慮が経済成長と厚生に与える影響を分析している．Ligthart and van der Ploeg（1994）は，$Ak$ 型の内生成長モデルにおいて，政府支出を環境保全投資とそのほかの公共投資に分けて，

次善の経済において，撹乱的な税しか使うことができない政府行動の問題を分析している．そこでの政府の役割は，環境外部性の内部化と政府支出のファイナンスであるが，そこでは，環境規制を強めると，成長率が低下し，環境は改善し，最適税率は上昇し，政府の支出構造が，生産的な政府支出から政府消費，排出制御へ移行することが示された．また，Stokey (1998) では，$Ak$ 型の生産技術のもとで，汚染排出を含む簡単な動学モデルを構築して，1人当たり所得水準と排出水準との間の逆U字型の関係が成立することを示している．

人的資本蓄積を成長のエンジンとするモデルを使った環境問題の研究は，Gradus and Smulders (1993) が最初であろう．その後，Hettich (2000) において，Gradus and Smulders (1993) における Lucas ケースが，労働と余暇と学習時間の選択を含むモデルに拡張されている．また，Hettich (2000) は，そのモデルを使って最適課税の問題を分析している．

企業のR&D活動を成長のエンジンとするモデルによる環境問題の研究としては，Aghion and Howitt (1998) が，シュンペーター型の内生成長モデルに環境的要因を導入して，社会計画者による最適問題を分析している．その後，Grimaud (1999) では，Aghion and Howitt (1998) で導出された最適経路を分権的に達成するための政策手段が検討されている．

そのほかの研究として，Mohtadi (1996)，Bovenberg and de Mooji (1997)，および Bovenberg and Smulders (1998) は，環境が生産と効用の両方に影響を与えるような無限時間視野の内生的成長モデルを分析している．Mohtadi (1996) は，最適経路を達成

するための政策について分析しており，Bovenberg and de Mooji (1997) は，生産に対する環境外部性が存在し，かつ撹乱的な税が導入されている状況で，税制改革が環境の質と経済成長にどのような影響を与えるかを分析している．また，そこでは，排出削減技術が内生化されている．Bovenberg and Smulders (1998) は，持続可能な成長が達成可能で，かつ最適であるための条件を検討し，また，最適均斉成長経路への移行過程が分析されている．同様な分析は，Smulders and Gradus (1996) でもおこなわれており，そこでは，均斉成長が可能なための条件が導出されている．

## 2.4　John and Pecchenino（1994）のモデル：世代重複モデルと環境外部性

本節では，世代重複モデルを使って環境の問題を分析している研究として，John and Pecchenino（1994）の議論を紹介する．本章の冒頭で述べたように，世代重複モデルでは，個人の時間的視野と経済あるいは環境の時間的視野が異なるため，個人の経済活動が将来世代に及ぼす効果や環境保全の負担の世代間配分といった問題が議論できる．John and Pecchenino（1994）は世代重複モデルで，環境問題を扱った代表的な研究であり，その後の研究においても，彼らのモデルの設定が部分的に修正されて利用されている．

それでは，John and Pecchenino（1994）のモデルを紹介しよう．彼らのモデルは，Diamond（1965）タイプの世代重複モデルに環境の質（ストック）の変数を組み入れたものである．離散的な時間（$t = 1, 2, \ldots$）を考え，無限に続く経済において，2期間生存する

個人が毎期新しく生まれてくる．ここで，$t$ 期に生まれた世代を第 $t$ 世代と呼ぶ．各世代の個人はすべて同質的であるとし，代表的個人の行動に注目する．個人の生涯は第 1 期目の若年期と第 2 期目の熟年期に分けられ，労働供給は若年期にのみおこなわれる．なお，すべての市場は競争的である．John and Pecchenino (1994) では，人口成長はないと仮定され，各期の人口は 1 に基準化される．

若年期における個人の労働賦存量を 1 に基準化し，競争的な労働市場で 1 単位の労働を非弾力的に供給すると仮定される．個人は賃金 $w_t$ を得て，それを熟年期における消費のための貯蓄 $s_t$ と環境保全のための投資 $m_t$ に配分する．John and Pecchenino (1994) では，若年期における消費は捨象されている．個人は遺産動機を持たず，熟年期においては，貯蓄から得られる収入を元本も含めてすべて消費すると仮定される．このとき，第 $t$ 世代の若年期における予算制約式は，

$$w_t = s_t + m_t \tag{2-16}$$

で表される．また，その世代の熟年期における予算制約式は，

$$c_{t+1} = (1 + r_{t+1})s_t \tag{2-17}$$

である．ただし，$r_{t+1}$ は $t+1$ 期の利子率を表す．

個人は，熟年期における消費と熟年期における環境の質から効用を得る．そして，各個人の選好は効用関数

## 2.4 John and Pecchenino (1994) のモデル

$$U_t = U(c_{t+1}, E_{t+1}) \tag{2-18}$$

で表される．ここで，$E_{t+1}$ は第 $t$ 世代の個人が熟年期となる $t+1$ 期の環境の質を表す．ここでは，消費および環境の質の限界効用は正 ($U_1(\cdot) > 0, U_2(\cdot) > 0$) であり，かつ逓減的 ($U_{11}(\cdot) < 0, U_{22}(\cdot) < 0$) であると仮定される．さらに，John and Pecchenino (1994) では，条件 $U_{12} \geq 0$，および $\lim_{c \to 0} U_1(c, E) = \infty$ が仮定されている．なお，2つめの仮定は均衡において正の消費を保証するためのものである．

次に，環境の質 $E_t$ を考える．$E_t$ は次式に従って推移すると仮定される．

$$E_{t+1} = (1-b)E_t - \beta c_t + \gamma m_t \tag{2-19}$$

ただし，$\beta > 0, \gamma > 0, b \in [0,1]$ である．$\beta c_t$ は消費による環境の悪化を表し，$\gamma m_t$ は環境保全活動による環境の改善を表す．John and Pecchenino (1994) 以降，世代重複モデルを用いた分析では，環境の質の推移については，この定式化が標準的となった．

以上のような経済で第 $t$ 世代の代表的個人の最適化問題が次のように与えられる．

$$\max_{c_{t+1}, s_t, m_t} U(c_{t+1}, E_{t+1})$$

subject to

$$w_t = s_t + m_t$$
$$c_{t+1} = (1 + r_{t+1})s_t$$
$$E_{t+1} = (1 - b)E_t - \beta c_t + \gamma m_t$$
$$c_{t+1}, m_t, s_t \geq 0$$

ただし，$w_t$, $r_{t+1}$, $E_t$, および $c_t$ はこの個人にとって所与である．最適のための1階の条件が次式で与えられる．

$$U_1(c_{t+1}, E_{t+1})(1 + r_{t+1}) - \gamma U_2(c_{t+1}, E_{t+1}) = 0 \qquad (2\text{-}20)$$

また，生産部門は完全競争的であり，多数の同質的な企業が新古典派的な生産関数 $Y_t = F(K_t, N_t)$ に従って生産活動をおこなっていると仮定される．ここで，$K_t$ は資本の投入量，$N_t$ は労働の投入量である．このとき，労働者1人当たりの生産量が $y_t = f(k_t)$ で表される．ただし，$y_t \equiv Y_t/N_t$, $k_t \equiv K_t/N_t$, $f(k_t) \equiv F(k_t, 1)$ である．John and Pecchenino (1994) では，$kf''(\cdot) + f'(\cdot) > 0$ が仮定されている．これは，資本の限界生産力の弾力性が1より小さいという条件であり，この条件のもとで，均衡における消費量と資本ストックとの間の正の関係が示されている．企業の利潤最大化行動から，通常の最適条件

## 2.4 John and Pecchenino (1994) のモデル

$$r_t = f'(k_t) - \delta \equiv r(k_t) \tag{2-21}$$

および

$$w_t = f(k_t) - k_t f'(k_t) \equiv w(k_t) \tag{2-22}$$

が成り立つ．ただし，ここで $\delta$ は資本減耗率であり，$0 < \delta < 1$ である．また，資本市場の均衡条件は次式で与えられる．

$$k_{t+1} = s_t \tag{2-23}$$

以上の設定のもと，各世代の個人の効用最大化条件，各期の企業の利潤最大化条件，および各期の市場均衡条件によりモデルの動学経路が特徴付けられている．

John and Pecchenino (1994) のモデルは次のように集約される．まず，第 $t$ 世代の熟年期の予算制約式に，企業の最適化条件 (2-21)，(2-22)，および資本市場の均衡条件 (2-23) を代入して，

$$c_{t+1} = (1-\delta)k_{t+1} + \nu(k_{t+1})f(k_{t+1}) \equiv c(k_{t+1}) \tag{2-24}$$

とおく．ただし，$\nu(k) \equiv kf'(k)/f(k)$ は資本の分配率である．ここで，個人の最適化条件 (2-20) と環境の質の遷移式 (2-19) に，(2-24) を代入して整理すると，

$$U_1(c(k_{t+1}), E_{t+1})[1 + r(k_{t+1})] - \gamma U_2(c(k_{t+1}), E_{t+1}) = 0 \tag{2-25}$$

$$\begin{aligned}E_{t+1} &= (1-b)E_t - \beta c(k_t) + \gamma\{[1-\nu(k_t)]f(k_t) - k_{t+1}\}\\ &= (1-b)E_t - \beta(1-\delta)k_t + \rho(k_t)f(k_t) - \gamma k_{t+1}\end{aligned} \tag{2-26}$$

が得られる.ただし,$\rho(k_t) \equiv \gamma[1 - \nu(k_t)] - \beta\nu(k_t)$ である.ここで,(2-25)が $E_{t+1}$ と $k_{t+1}$ の関係を表していることに注意しよう.(2-25)において,$E_{t+1}$ を $k_{t+1}$ で微分すると,

$$\frac{\partial E_{t+1}}{\partial k_{t+1}} = -\frac{U_{11}c'(k_{t+1})(1 + r(k_{t+1})) + U_1 r'(k_{t+1}) - \gamma U_{12}c'(k_{t+1})}{U_{12}(1 + r(k_{t+1})) - \gamma U_{22}} \tag{2-27}$$

である.いま,条件 $f''k + f' > 0$ より $c'(k) > 0$ がわかる.よって,効用関数についての仮定 $U_{12} \geq 0$ と $c'(k) > 0$ から,$\partial E_{t+1}/\partial k_{t+1} > 0$ が従う.このとき,(2-25)から局所的に,

$$E_{t+1} = \phi(k_{t+1}) \tag{2-28}$$

と書くことができる.ここで,$\phi' > 0$ である.すなわち,この式は,資本ストックが増加すると,環境の質も上昇するように,個人は消費と環境投資の間に資源を配分するということを表している.

## 2.4 John and Pecchenino (1994) のモデル

これは，John and Pecchenino (1994) のモデルに特徴的な関係である．いま，(2-28) を (2-26) に代入すると，次の1階の非線型定差方程式が得られる．

$$\phi(k_{t+1}) + \gamma k_{t+1} - (1-b)\phi(k_t) + \beta(1-\delta)k_t - \rho(k_t)f(k_t) = 0 \tag{2-29}$$

これが，John and Pecchenino (1994) モデルの動学方程式である．この式により，モデルのすべての内生変数の動学が定まる．

以上が John and Pecchenino (1994) の基本モデルである．John and Pecchenino (1994) は，このモデルを使って，たとえば，

(1) 十分に資本蓄積が進んでいない，あるいは環境の質が十分に高い場合には，環境保全への投資が全くおこなわれないゼロメインテナンスを伴う均衡の可能性があること，そしてそのような経済において，時間の経過とともに，資源配分や環境の質がどのように変化していくか．

(2) また，企業の生産技術を Romer 型の外部効果を含む生産関数に置きかえた場合に，どのような動学パターンが起こり得るか

などが議論され，そこでは，単一均衡，複数均衡，発散均衡，貧困の罠などが起こる可能性が指摘された．そして，世代重複モデルを使った John and Pecchenino (1994) 以降の研究では，John and Pecchenino (1994) に示されたさまざまな可能性を確認していく

という作業もおこなわれていった．

John and Pecchenino（1994）のモデルは，標準的な世代重複モデルから大きく乖離することなく，扱いやすいものであったため，それ以降の研究は，そのモデルを拡張していくという形が1つの流れであった．その意味で，世代重複モデルを使った環境の分析の1つの枠組みを提示し，それ以後の発展の基礎を作ったことがJohn and Pecchenino（1994）の大きな貢献であろう．

## 2.5　世代重複モデルによる環境外部性の研究

上にも述べたように，世代重複モデルを使った環境外部性の研究では，John and Pecchenino（1994）のモデルに新しい要素を加えていくという形が1つの大きな流れであった．そこでは，成長率と環境外部性の関係よりも，世代間の外部効果の分析に焦点が当てられているため，無限時間視野モデルのときのような成長のエンジンによる分類は適切ではないかもしれない．以下では，分析された問題ごとに先行研究を整理する．

### 2.5.1　先行研究の問題による分類

環境変数を含む世代重複モデルを使って，課税政策の効果を分析している研究としては，たとえば Ono（1996），John, et al.（1995），Ono and Maeda（2001）がある．Ono（1996）は，最適な定常均衡を分権的に達成するためのピグー税システムを研究している．John et al.（1995）は，John and Pecchenino（1994）モデルにおける環境投資が課税によっておこなわれる場合を考え，そこで達

## 2.5 世代重複モデルによる環境外部性の研究

成可能な定常均衡の性質が検討されている．そこでは，計画期間が1期だけである短期政府と，環境の持続期間と同じ計画期間をもつ長期政府が考えられている．短期政府は，環境の外部効果を内部化することができず，長期的に最適な定常均衡の達成に失敗する．そこで，最適経路を達成するためには，長期政府によって課税政策が策定されなくてはならないことが示されている．また，Ono and Maeda（2001）は，競争均衡のもとで達成される厚生水準よりも，すべての世代の厚生を改善できるような課税政策と所得移転政策の構成を分析している．

将来世代に対する利他性を考慮して分析をおこなったものに，たとえば Jouvet et al.（2000）がある．Jouvet et al.（2000）は，John and Pecchenino（1994）モデルに Barro 型の利他性[16]を導入して分析をおこなっている．このとき，個人の効用関数は $V_t = U(c_{t+1}, P_{t+1}) + \gamma V_{t+1} = \sum_{s=t}^{\infty} \gamma^{s-t} U(c_{s+1}, P_{s+1})$ に変更される．ただし，Jouvet et al.（2000）では，環境に関する変数として，効用にプラスの影響を与える環境の質から，マイナスの影響を与える汚染物質ストック $P_{t+1}$ に変更されている．ここでは，環境保全と物的資本の蓄積は，ともに将来世代の厚生を高める要因となるため，遺産と環境投資の間の資源配分が問題となる．しかし，物的資本蓄積が環境の質に与える影響を個人は内部化できないため，Jouvet et al.（2000）では，最適な資源配分を達成するための課税政策が検討されている．また，Bezin（2015）は，環境に関心がある人々が必ずしも実際に環境に配慮した行動をとるわけではないという事実に注目し，子どもにも環境に関心をもたせたいと望むグリーンなタイプの個人と，消費からの効用のみを考慮するブラ

ウンのタイプの個人という2種類の個人を John and Pecchenino (1994) の枠組みに導入し，そのギャップのメカニズムを説明している．

生存期間の不確実性を考慮して分析をおこなったものに，たとえば Ono and Maeda (2001) がある．Ono and Maeda (2001) は，John and Pecchenino (1994) のモデルに個人の生存期間の不確実性を導入して，少子高齢化が環境に与える影響を分析している．Ono and Maeda (2001) では，熟年期に生存している外生的な確率 $p \in (0,1)$ を導入し，個人の効用関数を $u(c_t^1) + p[u(c_{t+1}^2) + v(e_{t+1})]$ で表して分析をおこなっている[17]．ここで，$c_t^1$ は若年期の消費を，$c_{t+1}^2$ は熟年期の消費を，$e_{t+1} = E_{t+1}/N_{t+1}$ は1人当たりの環境の質を表す[18]．第 $t$ 世代の人口を $N_t$，外生的に与えられる人口成長率を $n$ としたとき $t$ 期の人口は $N_t + pN_{t-1}$ となるから，全人口に占める熟年世代の割合は $pN_{t-1}/(N_t + pN_{t-1}) = 1/((1+n)/p + 1)$ と表される．よって，このモデルでは，$p$ の上昇と $n$ の低下が人口高齢化を表すことになる．以上のモデルを使って，Ono and Maeda (2001) は，高齢化が環境におよぼす影響は，消費から得られる効用を表す関数 $u$ の相対的危険回避度 $\sigma \equiv -u''(c)c/u'(c)$ の大きさに依存することを示している．そして，個人の相対的危険回避度が $\sigma < 1$ のとき，高齢化（i.e. $p$ の上昇）により1人当たりの環境の質の水準がより高くなるという結果を示している．

また，最近の研究では，環境の質や汚染の排出が寿命に与える影響を考慮して，寿命を内生化したモデルによる分析もおこなわれている．Mariani, Perez-Barahona, Raffin (2009) では，環境の

質が人々の寿命にプラスの影響を与える可能性を 3 期世代重複モデルに導入して，複数均衡の可能性などモデルの動学的性質を分析している．Jouvet, Pestieau, Ponthiere（2010）は，人々の寿命が環境汚染によってマイナスの影響を受けるが，一方で健康維持のための私的な支出によってプラスの影響を受けるような可能性をモデルに導入して，最適な課税政策について検討している．また，Varvarigos（2011）は，寿命に対する環境汚染のマイナスの影響と，公的な健康支出によるプラスの影響をモデルに導入し，2 期間の世代重複モデルを使ってその動学的性質について議論している．また，Pautrel（2012）は，寿命ではなく人々の健康水準が環境汚染によりマイナスの影響を受け，一方で健康のための私的な時間投資が健康水準にプラスの影響を与える可能性をモデルに組み入れて，汚染の排出源である生産への課税と生産水準あるいは経済成長率との間に逆 U 字の関係が成り立ち得ることを示している．なお，Pautrel（2012）では，Gradus and Sumulders（1993）型の 0 次同次の汚染排出関数が仮定されている．

Yoshida（1998）は，John and Pecchenino（1994）のモデルに，Glomm and Ravikumar（1992）型の人的資本蓄積を組み入れて，環境と人的資本の動学パターンを分析している．そこでは，物的資本が捨象され，人的資本のみを生産要素とする線型の生産技術が仮定されている．第 $t$ 世代の個人 $i$ の熟年期における人的資本は，親の世代の人的資本 $H_t^i$ と環境の質 $E_t$ により決まると仮定され，人的資本の蓄積方程式は $H_{t+1}^i = (1 - n_t^i)(E_t)^\lambda (H_t^i)^\gamma$ で表される．ただし，$(1 - n_t^i)$ は，個人 $i$ が人的資本蓄積のための学習に費やす時間を表す．そのようなモデルを使って，Yoshida（1998）は，各

個人のNash的な行動のもとで，$\lambda$と$\gamma$の値の組み合わせに応じて不況状態，成長状態，あるいは貧困の罠などの動学パターンが起こり得ることを示している．なお，Yoshida（1998）では，物的資本が捨象されているため，そこで扱われている資本は，その蓄積に環境の質が影響を与えるような一般の資本を表しているという解釈もできる．その意味では，人的資本と限定せずに，たとえば，酸性雨などにより，減耗の度合いが影響を受けることを考慮する場合の機械設備などもYoshida（1998）のいう人的資本に含まれていると考えてよいであろう．ただし，Yoshida（1998）では，John and Pecchenino（1994）型の環境の質の蓄積方程式において，$b=1$の場合が検討されている．すなわち，環境の質の蓄積は考えていない．

Ihori（1996）では，John and Pecchenino（1994）モデルの環境の質と物的資本の動学的な性質が分析されている．そこでは，世代間外部性のパターンによって，貧困の罠，周期解，収束経路などのさまざまな動学経路の可能性が示されている．また，Zhang（1999）は，John and Pecchenino（1994）のモデルで，周期解あるいはカオスの発生する条件を検討している．また上でも述べたように，本節で紹介したJohn and Pecchenino（1994）は，基本モデルを使った分析の後で，生産技術にRomer（1986）型の外部効果を導入して，持続可能な成長の可能性について検討している．そこでは，さまざまな動学パターンが生じ得る可能性が示唆されている．また，Schumacher and Zou（2008）は，John and Pecchenino（1994）型のモデルに，実際の汚染水準と人々の汚染水準の認識とが異なる可能性を導入してモデルの動学的性質を分析して

いる．そこでは，認識のギャップを考慮しない場合と異なり，広い範囲のパラメータ値のもとで，振動などの複雑な動学経路が生じる可能性が示されている．

また，John and Pecchenino（1997）では，世代の重複は考えていないが，個人の生涯期間が有限である非重複世代モデルを使って，越境汚染の問題が分析されている．John and Pecchenino（1997）は，1期のみ生存する個人が無限に連なる2つの経済を想定し，無限の計画期間を持つ（各経済における）社会計画者の問題を分析している．そこでは，すべての外部効果を内部化するためには，無限の期間にわたる協調関係が必要であること，さらに，ある時点だけの協調関係は，将来世代の厚生を低くしてしまう可能性があることが示されている．また，Hirazawa, Saito and Yakita（2011）は，経済発展の度合いが異なる2国世代重複モデルの枠組みで，両国にとって共通なグローバルな環境を考え，排出削減の2国間での負担配分ルールの違いが所得格差にもたらす帰結を分析している．そこでは，国際的に定められた排出削減目標を2国間に割り当てる際に，所得水準に応じて割り当てるか，あるいは所得水準に関わらず均等に割り当てるかによって，所得格差の時間経路がどのようになるかが検討されており，パラメータの値によっては，均等配分の場合だけでなく，所得に比例して負担を配分する場合であっても，短期的には所得格差が広がってしまう可能性があることが示されている[19]．

## 2.6 本書で用いられるモデル

本章ではこれまで，無限時間視野モデルと世代重複モデルという観点から先行研究を整理した．その分類に従えば，第3章，第4章，および第5章のモデルはいずれも世代重複モデルである．

第3章のモデルは，John and Pecchenino (1994) 以降，環境の問題を分析する場合に標準的となった2期間世代重複モデルの流れの中にある Ono (2003) のモデルをもとにしており，物的資本蓄積が労働生産性に及ぼす外部効果が考慮されている．そこでは，企業に対して環境に配慮するよう求める社会からの圧力が企業の汚染排出費用を高めるという設定がなされる．環境に対する配慮が大きい企業に対して，たとえば，低い利子で資金融資がおこなわれれば，環境への配慮が小さい企業は競争力を失うであろう．さらに，環境に配慮が小さいことで企業イメージが悪くなれば，企業イメージを上げるための広告宣伝費用がより多くかかってしまうかもしれない．第3章では，環境を考慮した世代重複モデルの枠組みの中で社会からのそのような圧力と経済成長率の間にどのような関係が成り立つかを検討する．

第4章のモデルは，環境の質を考慮した2期間世代重複モデルに Lucas 型の人的資本蓄積を組み入れたモデルである．そこで用いられる環境の定式化は非蓄積型で，環境悪化要因としては消費を考えている．そのような環境の例としては，自動車からの排出ガスによる大気汚染などが考えられるであろう[20]．ところで，環境と人的資本蓄積の問題を扱った先行研究としては，無限時間視野モデルでは，たとえば 2.2 節で紹介した Gradus and Smulders (1993)，

世代重複モデルでは Yoshida（1998）があり，第 4 章の議論は，それらの研究につながるものである．第 4 章のモデルは，Yoshida（1998）のモデルとは異なり，人的資本と物的資本の両方が蓄積し，かつ両方の資本が投入要素である通常の新古典派的生産技術が考えられている．すなわち，第 4 章では，人的資本蓄積を成長のエンジンとする成長モデルの標準的な枠組みを使って，環境を考慮した場合の課税政策の効果を分析している．第 4 章のモデルでは，人的資本の蓄積により内生的な成長が達成されるため，課税政策の成長率への効果，すなわち成長効果を分析している．いいかえれば，第 4 章の議論は，世代重複型内生成長モデルで課税の政策効果を分析しているものの中で，環境外部性が存在する状況を考察したものとして位置付けることができる．

　第 5 章で紹介するモデルは，人的資本蓄積を含んだ第 4 章の世代重複モデルを 2 国モデルに拡張し，さらに第 4 章とは異なり，ストックとしての環境の質を組み入れたモデルである．そこでは，国際的な取り決めによって各国に対して排出削減義務が課されたときに，その負担の配分ルールの違いによって両国の所得水準はどのように影響を受けるのかという問題に焦点が当てられる．第 5 章では，初期時点における 2 国の所得水準が異なるとして，排出削減義務に関する負担配分のルールの違いが両国の所得格差を縮めるのか拡大させるのかが議論される．この問題を無限時間視野モデルではなく世代重複モデルを使って考えることにより，2 国間の所得格差が時間を通じてどのように変化するかだけではなく，それら 2 国の現在世代と将来世代の間の衡平性の問題も同時に考えることが可能となる．

本章の冒頭で述べたように，無限時間視野モデルと世代重複モデルにはそれぞれが適した分析の対象がある．本書では，特に世代間の衡平性の問題に焦点を当てるため，いまもなお様々な方向に研究が展開している世代重複モデルを用いて議論を進めたい．

注

[1] 本章は，平澤（2002）の第1章後半に加筆，修正を加えたものである．
[2] 環境の問題は明示的には扱われていないが，世代重複モデルによる年金や教育などの経済問題の分析については de la Croix and Michel（2002）において体系的に解説されている．
[3] この点については，たとえば，Solow（1986）で指摘されている．
[4] Ramsey（1928），Cass（1965），Koopmans（1965）を参照．
[5] なお，Gradus and Smulders（1993）では，上の4つのケースのほかに，第5のケースとして，環境汚染物質の削減方法を2種類に分けて考えるというアイデアが述べられている．すなわち，上の4つのケースでは1通りと考えられている排出削減活動を，「現存の環境汚染物質を削減するための活動」と，工場の排水溝にフィルターを設置するなどというような「生産過程で発生する汚染物質の排出を減少させるための活動」というように区別して考えるということである．しかし，「現存の環境汚染物質の削減」を考えるためには，環境ストックを考慮しなくてはならないが，以下で述べるように，Gradus and Smulders（1993）では，おもに汚染物質の排出によるフローの効果が考えられているため，2種類の排出削減活動を考慮するためには，さらに環境のストックを表す変数の導入が必要になる．そのため，Gradus and Smulders（1993）では，そのアイデアを述べるにとどまっている．なお，人的資本蓄積を含まない成長モデルで，環境のストックとフローの効果を同時に考慮して分析をおこなっている文献としては，van der Ploeg and Withagen（1991）がある．
[6] Gradus and Smulders（1993）では，人口が一定率 $\lambda(>0)$ で成長

すると仮定されているが，ここでは説明の簡単化のため，人口は一定（i.e. $\lambda = 0$）であり，さらにその人口を 1 としている．しかし，そのように仮定しても，Gradus and Smulders（1993）の議論の本質は失われない．
7) ここでは，環境の公共財的側面を明示するため，経済全体における変数と 1 人当たり変数を区別して書いた．
8) ただし，図の $\phi_1$ と $\phi_2$ は $0 < \phi_1 < \phi_2$ となる値を表す．また，拡張 Lucas ケースでは，TECH 曲線の形状について明確なことがいえないため，ここでは Lucas ケースの図をもとに議論することにする．
9) 財市場の均衡条件式から，$(c+z)/k = (y-\dot{k})/k = \alpha - g$ となるから，$g$ の上昇は $(c+z)/k$ を減少させるが，効用関数で $c$ と $P$ に関して凹関数を仮定しているから，最適なところでは，$c/k$ と $z/k$ の両方を減少させる．
10) $r = (\partial y/\partial k) - (-P_z/P_k)$ であった．
11) ただし，図 2-2 から明らかなように，$\phi$ の上昇が進んで $\phi = \infty$ となると，TECH 曲線は $g = r$ となり，PREF 曲線である $g = r - \rho$ と平行になるため，$r$ は決まらない．
12) Gradus and Smulders（1993），p. 40 を参照．
13) Gradus and Smulders（1993）では，$\beta = 1/3$, $\epsilon = 0.05$, $\xi = 0.0001$, $\theta = 0.03$, $\psi = 0.1$ というパラメータのもとで，$\phi = 0.005$, $\phi = 0.01$, $\phi = 0.03$ の 3 つのケースを比較し，$\phi$ と $g$ が正の関係になる可能性があることを示している．
14) 環境と成長の問題を分析した研究の数は膨大であり，それらを整理することは本書の目的ではない．2000 年代初頭までのおもに無限時間視野の経済成長モデルによる環境問題の分析については，たとえば柳瀬（2002）において体系的なサーヴェイがおこなわれている．同じく無限時間視野モデルを使った研究のより最近のサーヴェイ論文として，Xepapadeas（2005）がある．また，環境政策が成長に及ぼす研究をサーヴェイしたものに Ricci（2007）がある．
15) 新古典派モデルを使った別の研究として，Forster（1975）は，環境の自然回復率が定数ではなく，指数関数的であるような場合の成長経路を分析している．その分析は，Tahvonen and Withagen

(1996), Wirl (1999) でさらに詳細に検討されている. 環境の自然回復率は, 考える環境の種類により, さまざまなパターンが考えられ, それによって, モデルの定性的な性質が変わり得ることが指摘されている. たとえば, Tahvonen and Withagen (1996) を参照されたい.

16) Barro (1974) を参照.
17) $u(\cdot)$, $v(\cdot)$ は, それぞれ, 消費および環境から得られる効用を表す.
18) $E_{t+1}$, $N_{t+1}$ は, それぞれ $t+1$ 期の環境の質および人口である.
19) 環境と出生選択の相互関係を成長モデルの枠組みで分析している研究はまだあまり多くない. しかし, たとえば de la Croix and Gosseries (2012), de la Croix (2013), Kitaura, Naito and Omori (2015) において, 出生選択を内生化した Diamond タイプの世代重複モデルを使って環境の問題が議論されている.
20) 第4章のモデルでは, 環境汚染は人的資本生産に対して影響を与えていない. しかし, 自動車からの排気ガスによる健康への影響を考えるのであれば, 健康を害することによる人的資本蓄積への負の影響も考慮すべきかもしれない. Gradus and Smulders (1993), および Yoshida (1998) において議論されている. 人的資本の蓄積過程に対するそのような環境の外部効果をモデルに組み入れることは今後の課題である.

## 第3章
# 排出費用，企業行動と経済成長[1]

## 3.1 はじめに

　人々の環境意識が高まると，それはさまざまな形で企業の行動に影響を与えると考えられる．たとえば，人々は自らが消費する財やサービスの環境への影響を考慮して消費選択をするようになるかもしれない．あるいは，その財サービスがどのような生産プロセスで生産されているかも考慮するかもしれない．さらに，その財サービスを生産している企業の環境保全に対する取組みまで考慮して消費選択をおこなうかもしれない．すなわち，環境意識が高まると，人々は自らが消費する財やサービスを供給する企業に対しても，環境への配慮を望むようになると考えられる．

　ここで，EU におけるケースを見てみよう．2010 年に策定された欧州 2020（Europe 2020）は，ヨーロッパ諸国が，経済，金融危機から脱却するためにどうすればよいかについて，その先 10 年の EU の成長戦略を描いたものである．欧州 2020 には，3 つの優先事項が定められており，その 1 つに，より効率的に資源を使い，より環境に配慮し，そして，より競争力を高めるという持続的成長が掲げられている．European Commission（2014）では，欧州 2020 に書かれている持続可能な成長へのコミットメントや厳しい

環境目標について触れられており，EUに加盟する28の国の人々の環境に対する考え方がサーヴェイされている．国によって結果にばらつきはあるが，EU全体の値をみると，たとえば「あなたは，より費用がかかっても環境によい製品を購入しますか[2]．」という問いに対して，同意，あるいはほぼ同意と答えた人の割合は75%で，3年前の同様の調査の結果である72%から増えており，人々のグリーン商品購入の意志の高まりがうかがえる．また，大企業および産業，政府，市民自身のそれぞれについて，「環境を守る取り組みが現行で十分だと思いますか[3]」という問いに対して，十分ではないという厳しい答えを返した人の割合が，それぞれ，77%，70%，65%であり，すなわち，市民は大企業と産業に厳しい目を向けていることがわかる．3年前の同様の調査での結果はそれぞれ，79%，72%，69%であり，十分ではないと答えた人の割合は3年前と比べてすべてのカテゴリで下がってはいるものの，不十分であるという回答が最も多いのはやはりどちらの調査でも大企業および産業である．このように，EUの人々は自ら費用をかけても環境に資するという方針で，同時に企業の環境への取組みに厳しい目を向けていることがわかる．

　そのような社会の変化のもとでは，環境に配慮する企業とそうでない企業とでは，それぞれの置かれる経済環境に違いが出てくると考えられる．たとえば，環境に配慮する企業はそうでない企業と比べて企業イメージの向上から競争上有利になるかもしれない．また，前者の企業は，より有利な条件のもとで資金調達がおこなえるかもしれないし，さらに，さまざまな認可や補助が受けられやすくなる可能性もある．

## 3.1 はじめに

　以上のことは，逆に企業が環境に配慮しないことには費用がともなうことを意味する．たとえば，競争上不利になることで，より多くの広告宣伝費が必要になるかもしれない．また，不利な条件のもとでの資金調達は，環境に配慮した場合と比べて追加的な費用が発生することを意味する．社会における環境意識が高まり，より多くの企業が環境に配慮するようになると，環境への配慮を怠る企業にはさらに多くの費用（ペナルティ）が課されることになると考えられる．そのような，企業に対して環境に配慮するよう求める社会からの要請を，本章では社会からの圧力と呼ぶことにする．本章の目的は，そのような社会からの圧力と環境および経済成長の間の関係を明らかにすることである[4]．

　本章のモデルは，Ono（2003）のモデルをベースとし，そこに，上で述べたような環境への配慮を怠る企業に対するペナルティを導入したものである．Ono（2003）では，環境税によって企業の汚染排出への価格付けがおこなわれており，環境税率と成長率の間の関係が分析されている．本章では，他の企業と比較して環境への配慮が少ないと費用が発生すると想定し，企業に対する社会からの圧力の大きさと環境および経済成長の関係を検討する．また，経済と環境がプラスの率で成長するという意味で成長が持続可能となるための条件を検討する．なお，本章では，環境税や政府による環境保全対策は考えていない．

　本章は次のように構成される．以下の 3.2 節でモデルが導入され，モデルの均衡が導かれる．そのなかで社会からの圧力も定式化される．3.3 節で社会からの圧力と成長率との関係が検討される．なお，3.3 節で得られる結果の証明はすべて補論でおこなう．3.4

節では結果をまとめた後，今後の課題を述べる．

## 3.2 モデル

Ono（2003）の環境質を含む2期間世代重複モデルに，3.1節で述べた社会からの圧力に依存する企業の汚染排出費用を導入したモデルを用いる．離散的な時間（$t = 1, 2, \ldots$）を考え，毎期新しい世代が生まれるとする．各世代は2期間生存し，その第1期目を若年期，第2期目を熟年期と呼ぶ．各世代の人口は1に基準化され人口成長はないとする．

### 3.2.1 企業行動

企業はすべて同質的であり，完全競争市場に直面していると仮定する．各企業の生産関数は次式で与えられる：

$$Y_t = K_t^\alpha (A_t L_t)^{1-\alpha} z_t, \ 0 < \alpha < 1 \tag{3-1}$$

ただし，$Y_t$，$K_t$，$A_t$，$L_t$ はそれぞれ個別企業の生産量，資本投入量，労働生産性，労働投入量を表す．なお，$A_t$ は個別企業にとっては所与である．また，$z_t$ は用いられる技術を示す指標であり，$0 \leq z_t \leq 1$ とする[5]．これは，資本と労働の投入を一定とすると，より大きな $z$ の値に対応する生産技術のもとでは，より多くの産出が得られることを意味する．以下では，企業数を1に基準化し，$Y_t$，$K_t$，$L_t$ はそれぞれの集計値でもあるとする．

ここで，産出量1単位あたりの汚染排出量と用いられる技術と

の間に次のような関係があると仮定する.

$$\frac{P_t}{Y_t} = z_t^\theta, \ \theta > 0 \tag{3-2}$$

すなわち,所与の水準の産出量を達成しようとするとき,より大きな $z$ に対応する生産技術はより多くの汚染排出をともなうと仮定する.(3-2) 式を (3-1) 式に代入して整理すると次の関係式を得る.

$$Y_t = K_t^{\alpha_K} (A_t L_t)^{\alpha_L} P_t^{\alpha_P} \tag{3-3}$$

ただし,

$$\alpha_K = \frac{\alpha\theta}{1+\theta}, \quad \alpha_L = \frac{(1-\alpha)\theta}{1+\theta}, \quad \alpha_P = \frac{1}{1+\theta}$$

である.いま,$\alpha_K + \alpha_L + \alpha_P = 1$ であることが確認できるから,(3-3) 式の右辺は,資本投入,労働投入および汚染排出に関する1次同次関数となる.

ここで,企業に対する社会からの圧力を定式化する.そのために,まず,企業にとっての汚染排出の費用を定式化しよう.ここでは,企業が $P_t$ だけ汚染排出をすると $\zeta_t P_t$ の費用がかかると仮定する.これは,3.1 節で述べた汚染排出による企業イメージの低下,それにともなう広告宣伝費などの増加,不利な条件のもとでの資金

調達など限界的な汚染排出の増加にともなって発生する企業にとっての追加的費用を集約したものと解釈することができる.さらに,3.1 節で述べたように,われわれは,ほかの企業が環境に配慮しているなかでその配慮を怠っている企業に対して課されるペナルティの大きさとして社会からの圧力を定式化する.そこで,汚染排出の「価格」$\zeta_t$ を自らの排出量だけでなく,産業全体の平均的な汚染排出量にも依存すると仮定する.すなわち,$\zeta_t = \zeta(P_t, \bar{P}_t)$ とする.ただし,$\bar{P}_t$ は産業全体の平均的な汚染排出量を表す.ここでわれわれは,以下の仮定をおく.

(i) $\zeta(P_t, \bar{P}_t)$ は $P_t$ と $\bar{P}_t$ に関する 0 次同次関数である.
(ii) $\partial \zeta / \partial P_t > 0$.
(iii) $\zeta(\bar{P}_t, \bar{P}_t) = 0$.

条件 (i) は,排出の価格が他の企業の排出との相対的な大きさにのみ依存しており,その企業の絶対的な排出水準には依存しないことを意味する.この仮定により,上で述べたペナルティとしての側面が表される.条件 (ii) は,ほかの企業の排出量が与えられているとき,その企業が排出量を増加させると,より費用が高くなることを表す.条件 (iii) は議論を簡単化するための基準化であり,ほかの企業と同様の水準(平均的な水準)で排出をする場合の費用はゼロであるとする.ここで,条件 (i) の 0 次同次性により,関数 $\zeta$ を次のように書き直すことができる.

$$\zeta(P_t, \bar{P}_t) = \zeta\left(\frac{P_t}{\bar{P}_t}, 1\right) \equiv \tilde{\zeta}\left(\frac{P_t}{\bar{P}_t}\right) \tag{3-4}$$

なお,このとき条件 (iii) は $\tilde{\zeta}(1) = 0$ と書くことができる.ここで,$\varepsilon \equiv \zeta'(1)$ としてパラメータ $\varepsilon$ を導入しよう.いま,$\varepsilon$ の値が大きいと,ある企業がほかの企業と比較して限界的に排出量を増加させると(すなわち,$P_t/\bar{P}_t$ が限界的に 1 を上回ると),その企業にとっての排出の費用 $\tilde{\zeta}(P_t/\bar{P}_t)P_t$ は大きく増加する.これは,環境への配慮の少ない企業に対してより大きなペナルティが課されることを意味するから,すなわち企業に対して社会からより厳しい圧力がかかっている状態と解釈することができる.よって,以下では,$\varepsilon$ を企業に対する社会からの圧力の大きさを表すパラメータと考える.

企業の利潤は次式で与えられる.

$$\pi_t = K_t^{\alpha_K}(A_t L_t)^{\alpha_L} P_t^{\alpha_P} - \rho_t K_t - w_t L_t - \tilde{\zeta}(P_t/\bar{P}_t)P_t$$

ここで,$\rho_t$ は資本のレンタル価格であり,$w_t$ は賃金率である.企業は各要素価格と労働生産性,および産業全体の平均的な汚染排出量を所与とみなして利潤最大化をおこなう.利潤最大化条件は以下の (3-5) から (3-7) で与えられる.

$$\rho_t = \alpha_K K_t^{\alpha_K - 1}(A_t L_t)^{\alpha_L} P_t^{\alpha_P} = \alpha_K k_t^{\alpha_K - 1} A_t^{\alpha_L} p_t^{\alpha_P} \tag{3-5}$$

$$w_t = \alpha_L K_t^{\alpha_K}(A_t L_t)^{\alpha_L - 1} A_t P_t^{\alpha_P} = \alpha_L k_t^{\alpha_K} A_t^{\alpha_L} p_t^{\alpha_P} \tag{3-6}$$

$$\tilde{\zeta}'(P_t/\bar{P}_t) \cdot (P_t/\bar{P}_t) + \tilde{\zeta}(P_t/\bar{P}_t) = \alpha_P K_t^{\alpha_K} (A_t L_t)^{\alpha_L} P_t^{\alpha_P - 1}$$
$$= \alpha_P k_t^{\alpha_K} A_t^{\alpha_L} p_t^{\alpha_P - 1} \tag{3-7}$$

ただし，$k_t \equiv K_t/L_t$, $p_t \equiv P_t/L_t$ はそれぞれ労働者 1 人当たり資本，および労働者 1 人当たり汚染排出量を表す．ここで，$\bar{p}_t \equiv \bar{P}_t/L_t$ と定義すれば，(3-7) 式は次のように書くことができる．

$$\tilde{\zeta}'(p_t/\bar{p}_t) \cdot (p_t/\bar{p}_t) + \tilde{\zeta}(p_t/\bar{p}_t) = \alpha_P k_t^{\alpha_K} A_t^{\alpha_L} p_t^{\alpha_P - 1} \tag{3-7'}$$

このとき，企業には正の利潤が発生する（補論 1 を参照）．ここでは簡単化のため，その利潤は資本の所有者である熟年世代に配当として分配されると仮定する．$t$ 期に熟年世代の個人 1 人あたりに分配される配当を $T_t$ とすると，いま各世代の人口を 1 に基準化しているから，それは次式で与えられる．

$$T_t = \tilde{\zeta}'\left(\frac{P_t}{\bar{P}_t}\right) \cdot \left(\frac{P_t}{\bar{P}_t}\right) P_t \tag{3-8}$$

### 3.2.2　個人

各個人は若年期に働き，熟年期に引退する．若年期に各個人は 1 単位の労働を賦与され，それを企業に非弾力的に供給すると仮定する．若年期にある個人は労働から賃金を得て，それをその期の消費，貯蓄，および環境保全のための投資に配分する．熟年期になると，個人は若年期におこなった貯蓄およびその利子と企業から受け

取る配当をすべて消費する．よって，個人の各期の予算制約式は次のようになる．

$$c_t + s_t + m_t = w_t \tag{3-9}$$

$$d_{t+1} = R_{t+1}s_t + T_{t+1} \tag{3-10}$$

ただし，$c_t$ は若年期における消費，$s_t$ は貯蓄，$m_t$ は環境保全のための投資，$d_{t+1}$ は熟年期における消費，$R_{t+1}$ は粗利子率を表す．

次に，環境の質の遷移式を考える．いま，$t$ 期の環境の質を $E_t$ で表す．次の期の環境の質が，今期の環境の質と今期の若年世代による環境投資にプラスに依存し，また，今期の生産活動からの汚染排出にマイナスに依存すると仮定する．ここでは，環境の質の遷移式として次式を仮定する[6]．

$$E_{t+1} = E_t - \beta P_t + \gamma m_t, \ \beta > 0, \ \gamma > 0 \tag{3-11}$$

ただし，$\beta$ は生産活動からの汚染排出が環境の質を悪化させる程度を表すパラメータであり，$\gamma$ は環境投資の効率性を表すパラメータである．いま，若年世代の人口を 1 に基準化しているから，$m_t$ は $t$ 期の環境投資の総量を表す．

ここで，個人の効用関数を次のように特定化する．

$$u_t = \ln c_t + \ln E_t + \eta(\ln d_{t+1} + \ln E_{t+1}) \tag{3-12}$$

ただし，$\eta$ は主観的割引因子である．各個人は，予算制約と環境の

質の遷移式のもとで効用最大化をおこなう．効用最大のための 1 階の条件は次式で与えられる．

$$\frac{1}{c_t} = \frac{\gamma\eta}{E_{t+1}} \tag{3-13}$$

$$\frac{R_{t+1}}{d_{t+1}} = \frac{\gamma}{E_{t+1}} \tag{3-14}$$

いま，若年期の消費を 1 単位減少させて代わりに環境投資を 1 単位増加させることを考える．消費を 1 単位減少させると効用は $1/c_t$ だけ低下する．他方，環境投資を 1 単位増加させれば次の期の環境の質が $\gamma$ 単位だけ上昇し，それにより効用が $\eta \cdot \gamma(1/E_{t+1})$ だけ上昇する．(3-13) 式は，最適点において両者が等しくなっていなければならないことを示している．次に，若年期の貯蓄を 1 単位減少させて，代わりに環境投資を 1 単位増加させることを考える．1 単位の貯蓄の減少は，熟年期の消費を $R_{t+1}$ 単位だけ減少させるから，熟年期ではかった効用が $R_{t+1}(1/d_{t+1})$ だけ低下する．他方，環境投資の 1 単位の増加は，上で述べたように熟年期の環境の質を $\gamma$ 単位だけ上昇させるから，熟年期ではかった効用は $\gamma(1/E_{t+1})$ だけ上昇する．(3-14) 式は，最適点において両者が等しくなっていなければならないことを示す．

### 3.2.3 均衡

各世代の人口は 1 に基準化されており，また各労働者は 1 単位の労働を非弾力的に供給すると仮定しているから，労働市場の均衡

条件は $L_t = 1$ で表される．また，資本市場の均衡条件は次式で与えられる．

$$K_{t+1} = s_t \tag{3-15}$$

若年世代の人口は 1 であるから，(3-15) 式の右辺は $t$ 期における貯蓄の総額を表す．ここで，$K_{t+1} = k_{t+1} L_{t+1}$ および $L_{t+1} = 1$ を使って (3-15) 式を書き換えれば，

$$k_{t+1} = s_t \tag{3-15'}$$

を得る．企業数を 1 に基準化しており，企業はすべて同質的であると仮定しているから，均衡においては $\bar{P}_t = P_t$ が成立する．また，$L_t = 1$ より $P_t = p_t = \bar{p}_t$ も成り立つ．このとき，熟年世代への配当は

$$T_{t+1} = \varepsilon p_{t+1} \tag{3-16}$$

となる．ここで，Romer (1986) 等の定式化にしたがい，労働生産性が経済全体の労働者 1 人あたり平均資本ストックの大きさに等しいと仮定する．すなわち，$A_t = K_t / L_t = K_t = k_t$ とする．このとき，(3-7') 式から次の関係式を得る．

$$p_t = \left( \frac{\alpha_P}{\varepsilon} \right)^{\frac{1}{1-\alpha_P}} k_t \tag{3-17}$$

そこで，(3-17) 式を (3-5), (3-6) 式に代入して，

$$\rho_t = \alpha_K \left(\frac{\alpha_P}{\varepsilon}\right)^{\frac{\alpha_P}{1-\alpha_P}} \equiv \rho \tag{3-18}$$

$$w_t = \alpha_L \left(\frac{\alpha_P}{\varepsilon}\right)^{\frac{\alpha_P}{1-\alpha_P}} k_t \tag{3-19}$$

を得る．また，資本市場は完全競争的であると仮定しているから，均衡において

$$\rho_t = R_t \equiv R \tag{3-20}$$

が満たされる．

なお，(3-9), (3-10), (3-15′), (3-16), (3-17), (3-18), (3-19), (3-20) 式を用いると，次の資源制約を得る．

$$c_t + d_t + k_{t+1} + m_t = k_t^{1-\alpha_P} p_t^{\alpha_P} \tag{3-21}$$

すなわち，$t$ 期に生産された財は，$t$ 期における若年世代および熟年世代の消費，$t+1$ 期への物的資本蓄積，および環境投資に配分される．

この経済の均衡は (3-9), (3-10), (3-11), (3-13), (3-14), (3-15′), (3-16), (3-17), (3-18), (3-19), および (3-20) 式によって決定される．そして，これらの式は $k$ に関する次の動学方程式に集約される（補論 2 を参照）．

$$\left\{\left(\frac{1}{\eta}+1\right)\left(1+\frac{\alpha_P}{\alpha_K}\right)+1\right\}k_{t+1}$$
$$=\left[\left(1+\frac{\alpha_P}{\alpha_K}\right)+\left(\frac{\alpha_P}{\varepsilon}\right)^{\frac{1}{1-\alpha_P}}\left\{\frac{\alpha_L}{\alpha_P}\varepsilon-\frac{\beta}{\gamma}\right\}\right]k_t$$

すなわち,

$$k_{t+1}=\frac{\left(1+\frac{\alpha_P}{\alpha_K}\right)+\left(\frac{\alpha_P}{\varepsilon}\right)^{\frac{1}{1-\alpha_P}}\left\{\frac{\alpha_L}{\alpha_P}\varepsilon-\frac{\beta}{\gamma}\right\}}{\left(\frac{1}{\eta}+1\right)\left(1+\frac{\alpha_P}{\alpha_K}\right)+1}k_t \tag{3-22}$$

ここで，(3-22) 式右辺の $k_t$ の係数は企業に対する社会からの圧力 $\varepsilon$ に依存するから，それを $G(\varepsilon)$ とおく．また，次の関係が確認できる（補論 2 を参照）．

$$\frac{k_{t+1}}{k_t}=\frac{E_{t+1}}{E_t} \tag{3-23}$$

よって，このモデルでは，環境と経済は同じ率で成長する．

## 3.3　企業に対する社会からの圧力と成長率の関係

以上の設定のもとで，この経済の成長率は $g(\varepsilon)=G(\varepsilon)-1$ と表すことができる．本節では，企業に対する社会からの圧力と経済成長の関係を検討する．そして，持続的な発展が達成されるために社

会からの圧力が満たすべき条件を導出する．われわれは，次の結果を得る（以下の命題の証明はすべて補論 3 を参照）．

**命題 3.1**

パラメータが次の条件を満たしているとする．

$$[\alpha_L(1-\alpha_P)]^{\frac{1}{\alpha_P}} \frac{\alpha_P}{1-\alpha_P} \geq \frac{\beta}{\gamma}\left[\frac{1}{\eta}(1+\frac{\alpha_P}{\alpha_K})+1\right]^{\frac{1-\alpha_P}{\alpha_P}} \quad (3\text{-}24)$$

このとき，

(i) $\varepsilon' \leq \varepsilon \leq \varepsilon'' \Longrightarrow g(\varepsilon) \geq 0$,
(ii) $\varepsilon < \varepsilon'$ あるいは $\varepsilon'' < \varepsilon \Longrightarrow g(\varepsilon) < 0$

となるような企業に対する社会からの圧力の水準 $\varepsilon'$ と $\varepsilon''$ が存在する．ただし，$0 < \varepsilon' < \varepsilon''$ である．

すなわち，経済と環境がともにプラスの率で成長できるという意味で成長が持続可能であるためには，企業に対する社会からの圧力の大きさに下限と上限が存在する．そして，社会からの圧力が強すぎるときだけではなく，弱すぎるときも成長は持続可能ではなく，成長率はマイナスとなり環境の質は低下していく．

**命題 3.2**

$\varepsilon^* \equiv \frac{\beta}{\gamma \alpha_L}$ とおくと，$\varepsilon' < \varepsilon^* < \varepsilon''$ であり，かつ

(i)　$\varepsilon < \varepsilon^* \Longrightarrow g'(\varepsilon) > 0$
(ii)　$\varepsilon^* < \varepsilon \Longrightarrow g'(\varepsilon) < 0$

となる.

　すなわち，企業に対する社会からの圧力が相対的に弱いとき $(\varepsilon < \varepsilon^*)$ には，その圧力が強いほど経済および環境の質の成長率は高い．しかし，社会からの圧力が相対的に強いとき $(\varepsilon^* < \varepsilon)$ には，その圧力がより強い経済の方が成長率は低くなる．

　企業に対する社会からの圧力は，成長に対して次のような効果も持つ．いま，企業に対する社会からの圧力が厳しいと，生産活動からの汚染排出は減少する $(dp_t/d\varepsilon < 0)$. それにより，環境が改善し，家計は環境保全への投資を減少させることができるようになり，その結果，貯蓄が増加して資本蓄積が促される．一方，社会からの圧力が厳しいと，それは企業の生産活動にマイナスの影響を及ぼす $(d(k_t^{1-\alpha_P} p_t^{\alpha_P})/d\varepsilon < 0)$. その結果，生産，所得が減少し，貯蓄が減少するため，資本蓄積が阻害され，成長にマイナスの影響を与える．社会からの圧力が厳しすぎると $(\varepsilon'' < \varepsilon)$，後者のマイナスの効果が強くなり，持続的な成長は達成できなくなる．他方，企業に対する圧力が弱すぎる社会 $(\varepsilon < \varepsilon')$ では，企業の排出削減に対する前者のプラスの効果が小さいため，この場合も持続的な成長が達成できない．

　以上をまとめると，社会からの圧力と成長率の関係は逆U字の関係にあることがわかる．

## 3.4 おわりに

本章では，企業に対して環境に配慮した行動を取るよう求める社会からの圧力と経済および環境の成長経路にどのような関係があるかを，環境の質および物的資本蓄積から労働生産性への外部効果を含む世代重複モデルを使って検討した．そこでは，他の企業よりも排出削減を怠ると追加的な費用が発生するという形で汚染排出を価格付けして議論をおこなった．そして，政府により環境税が課される場合に環境税率と成長率の間に逆 U 字型の関係が成り立つことを示した Ono（2003）と同様に，企業に対する社会からの圧力の大きさと成長率の間の逆 U 字の関係が示された．すなわち，環境に配慮することに対して企業への圧力がまだ弱い社会ではその圧力がさらに厳しくなると経済および環境の成長は高まるが，逆に社会からの圧力がすでに強いときにはそれがより厳しくなると経済および環境の成長は鈍化する．また，企業に対する社会からの圧力が厳しすぎるとき，およびその圧力が弱すぎるときには，プラスの成長を持続できず，環境の質も時間とともに低下していくことが示された．

本章では，同質的な企業を仮定して分析をおこなった．しかし，環境意識の高まりは，まず，環境負荷の小さい財，サービスへの消費選択の移行という形で現れると考えられるから，財，サービスの異質性，それらを供給する企業の異質性を考慮した分析が必要であろう．また，われわれは，企業に対する社会からの圧力を単純な形で定式化した．しかし，人々の環境意識の高まりは企業の行動にさまざまな形で影響を与えると考えられるから，それらをすべて本章

で定式化したような単純な形で捉えることはできないであろう．それらを考慮した議論が今後の課題である．

## 補論 1

(3-5), (3-6), (3-7) 式の両辺にそれぞれ $K_t$, $L_t$, $P_t$ を掛けて辺々加えると，

$$\rho_t K_t + w_t L_t + \left[ \tilde{\zeta}'\left(\frac{P_t}{\bar{P}_t}\right) \cdot \left(\frac{P_t}{\bar{P}_t}\right) P_t + \tilde{\zeta}\left(\frac{P_t}{\bar{P}_t}\right) P_t \right]$$
$$= \alpha_K K_t^{\alpha_K}(A_t L_t)^{\alpha_L} P_t^{\alpha_P} + \alpha_L K_t^{\alpha_K}(A_t L_t)^{\alpha_L} P_t^{\alpha_P}$$
$$+ \alpha_P K_t^{\alpha_K}(A_t L_t)^{\alpha_L} P_t^{\alpha_P}$$

である．いま，$\alpha_K + \alpha_L + \alpha_P = 1$ であるから，右辺は $K_t^{\alpha_K}(A_t L_t)^{\alpha_L} P_t^{\alpha_P}$ に等しい．よって利潤は

$$\pi_t = K_t^{\alpha_K}(A_t L_t)^{\alpha_L} P_t^{\alpha_P} - \rho_t K_t - w_t L_t - \tilde{\zeta}\left(\frac{P_t}{\bar{P}_t}\right) P_t$$
$$= \tilde{\zeta}'\left(\frac{P_t}{\bar{P}_t}\right) \cdot \left(\frac{P_t}{\bar{P}_t}\right) P_t$$

となる．

## 補論 2

(3-10) 式に，(3-14)，(3-15′)，(3-16)，(3-17)，および (3-18) 式を代入すると

$$\frac{\alpha_K}{\gamma}\left(\frac{\alpha_P}{\varepsilon}\right)^{\frac{\alpha_P}{1-\alpha_P}} E_{t+1} = \left(\frac{\alpha_P}{\varepsilon}\right)^{\frac{\alpha_P}{1-\alpha_P}} (\alpha_K + \alpha_P)k_{t+1}$$

を得る．これより，

$$E_{t+1} = \gamma\left(1 + \frac{\alpha_P}{\alpha_K}\right) k_{t+1} \tag{A1}$$

が得られる．

一方，(3-11) 式に (3-9)，(3-13)，(3-15′)，(3-17)，および (3-19) 式を代入すると，

$$\begin{aligned} E_{t+1} &= E_t - \beta\left(\frac{\alpha_P}{\varepsilon}\right)^{\frac{1}{1-\alpha_P}} k_t \\ &\quad + \gamma\left[\alpha_L\left(\frac{\alpha_P}{\varepsilon}\right)^{\frac{\alpha_P}{1-\alpha_P}} k_t - \frac{E_{t+1}}{\gamma\eta} - k_{t+1}\right] \end{aligned}$$

を得る．この式に (A1) 式を代入して整理すると (3-22) 式が得られる．

なお，(3-23) の関係式は，(A1) 式から得られる．

# 補論 3

(3-22) 式，および $g(\varepsilon) = G(\varepsilon) - 1$ より，

$$g'(\varepsilon) = G'(\varepsilon) = \frac{\left(\frac{\alpha_P}{\varepsilon}\right)^{\frac{1}{1-\alpha_P}} \frac{\alpha_L}{(1-\alpha_P)\varepsilon}}{\left(\frac{1}{\eta}+1\right)\left(1+\frac{\alpha_P}{\alpha_K}\right)+1} \left[\frac{\beta}{\gamma\alpha_L} - \varepsilon\right]$$

である．よって，$\varepsilon^* \equiv \beta/(\gamma\alpha_L)$ とおけば，

$$0 < \varepsilon < \varepsilon^* \implies g'(\varepsilon) > 0$$
$$\varepsilon^* < \varepsilon < \infty \implies g'(\varepsilon) < 0$$

であり，$g(\varepsilon)$ は $\varepsilon = \varepsilon^*$ において最大値をとる．いま，$\lim_{\varepsilon \to 0} g(\varepsilon) = -\infty$ であることは容易に確認できる．また，ロピタルの定理を用いると，

$$\lim_{\varepsilon \to 0} g(\varepsilon) = -\frac{\frac{1}{\eta}\left(1+\frac{\alpha_P}{\alpha_K}\right)+1}{\left(\frac{1}{\eta}+1\right)\left(1+\frac{\alpha_P}{\alpha_K}\right)+1} < 0$$

が示される．

そこでいま，$g(\varepsilon^*) > 0$ であるとしよう．そのとき，区間 $0 < \varepsilon < \varepsilon^*$ において $g(\varepsilon) = 0$ となる $\varepsilon$ が存在することが中間値の定理によって示される．また，その区間で $g(\varepsilon)$ は単調増加であるか

ら，$g(\varepsilon) = 0$ となる $\varepsilon$ の値は一意に定まる．そこで，その値を $\varepsilon'$ とおくと，$\varepsilon' < \varepsilon < \varepsilon^*$ を満たす $\varepsilon$ について $g(\varepsilon) > 0$ となる．同様に，$g(\varepsilon)$ は区間 $\varepsilon^* < \varepsilon < \infty$ において単調減少であるから，$g(\varepsilon) = 0$ となる $\varepsilon$ がその区間において一意に存在することが示される．いま，その値を $\varepsilon''$ とおくと，$\varepsilon^* < \varepsilon < \varepsilon''$ を満たす $\varepsilon$ について $g(\varepsilon) > 0$ となる．以上の結果は次のようにまとめられる：もし $g(\varepsilon^*) > 0$ ならば，$\varepsilon' \leq \varepsilon \leq \varepsilon''$ を満たす $\varepsilon$ について $g(\varepsilon) \geq 0$ である．

そこで，$g(\varepsilon^*) > 0$ となる条件を求めよう．$\varepsilon^* = \beta/(\gamma\alpha_L)$ を (3-22) 式に代入すると，$g(\varepsilon^*) > 0$ となるための次の条件が得られる．

$$-\frac{1}{\eta}\left(1 + \frac{\alpha_P}{\alpha_K}\right) - 1 + \left(\frac{\alpha_P \alpha_L \gamma}{\beta}\right)^{\frac{1}{1-\alpha_P}} \frac{\beta}{\gamma}\left(\frac{1-\alpha_P}{\alpha_P}\right) > 0$$

この条件を書き直すことにより命題1の条件を得る．

なお，

$$g''(\varepsilon) = \frac{\left(\frac{\alpha_P}{\varepsilon}\right)^{\frac{1}{1-\alpha_P}} \frac{\alpha_L}{(1-\alpha_P)^2 \varepsilon^2}}{\left(\frac{1}{\eta} + 1\right)\left(1 + \frac{\alpha_P}{\alpha_K}\right) + 1}\left[\varepsilon - \frac{\beta(2-\alpha_P)}{\gamma\alpha_L}\right]$$

であるから，$\tilde{\varepsilon} \equiv \beta(2 - \alpha_P)/(\gamma\alpha_L)$ とおけば，$\varepsilon^* < \tilde{\varepsilon}$ であり，かつ

$$0 < \varepsilon < \tilde{\varepsilon} \Longrightarrow g''(\varepsilon) < 0$$
$$\tilde{\varepsilon} < \varepsilon < \infty \Longrightarrow g''(\varepsilon) > 0$$

である．

注
1) 本章は，平澤（2007）に加筆，修正を加えたものである．
2) 質問項目の原文は，"You are willing to buy environmentally friendly products even if they cost a little bit more." である．
3) 質問項目の原文は，"In your opinion is each of the following currently doing too much, doing about the right amount, or not doing enough to protect the environment?" である．
4) 3.1 節で述べた内容に関連する議論として，環境経営，企業の社会的責任（CSR）など企業と環境問題との関わりについては，たとえば馬奈木（2010）で解説されている．
5) 生産関数のこのような定式化は，たとえば Stokey（1998），Jouvet, Michel, and Rotillon（2005）でも用いられている．
6) 第 2 章で紹介した John and Pecchenino（1994）では，環境悪化要因は消費であったが，ここでは生産活動からの汚染排出を考えている．

# 第4章
# 人的資本蓄積と環境外部性[1]
## ――課税政策の成長効果

## 4.1 はじめに

　本章の目的は，環境的要因を導入した2期間世代重複モデルにおいて，課税政策が成長と環境に与える効果を分析することである．ここでは，人的資本蓄積を成長のエンジンとする内生的成長モデルを用いて分析をおこない，課税政策が，所得の世代間分配への影響，および資源配分に歪みを生じさせることを通じて，物的-人的資本蓄積と環境水準に及ぼす効果について検討する．

　環境は，将来世代と共有される資産であり，その異世代間での分配が問題となる．Solow（1986）も指摘しているように，環境のようにそのような性質をもつ資産の異世代間での分配の問題を分析するためには，世代重複モデルが適していると考えられる．そこで，本章では，世代重複モデルを用いて環境と成長との関係を分析する．また，若年期のみが環境保全への投資をおこなうと想定することにより，各期において異なる世代が共存する世代重複モデルを用いることで環境への関心の異なる個人が存在する状況を考えることができる．それにより，環境への関心が異なる世代間での所得の再分配が環境の水準に与える影響を分析することができる．

　環境の問題を成長論の枠組みで考える場合，「長期的な成長率が，

環境保全への取組みによってどのような影響を受けるかが重要な問題」である（Gradus and Smulders（1993, p. 26））．しかし，新古典派モデルでは，長期的な成長率が外生的に与えられたパラメータで決まってしまうため，動学的な枠組みで環境の問題を分析するためのモデルとしては適当ではないかもしれない．

Romer（1986），Lucas（1988）から始まる内生的経済成長理論の発展の中で，環境の問題をその枠組みで分析している文献も数多く現れた（e.g. Gradus and Smulders（1993），Ligthart and van der Ploeg（1994），Bovenberg and Smulders（1995, 1996），Bovenberg and de Mooij（1997））．たとえば，世代重複モデルを用いて環境の問題を分析した代表的な文献である John and Pecchenino（1994）においては，知識外部効果による生産性の上昇で内生成長するような世代重複モデルを用いて持続可能な発展の可能性が検討されている[2]．それ以降，知識外部効果による内生成長モデルを用いた環境の問題の分析は数多くおこなわれている（e.g. Ono（2002），Ono and Maeda（2001, 2001a, 2001b））．

内生的成長理論においては，知識の外部効果のほかに，企業によるR&D活動（e.g. Romer（1990），Grossman and Helpman（1991），Aghion and Howitt（1992））や人的資本蓄積（e.g. Lucas（1988））を成長のエンジンとするモデルが分析されている．人的資本もまた，環境と同様に将来世代に蓄積され，その蓄積が将来世代の厚生を高めうるものであり，それらの蓄積の間にトレードオフや相乗効果を考えることができるであろう．たとえば，Gradus and Smulders（1993），Yoshida（1998）が指摘しているように，環境は人的資本生産の投入要素の1つと考えることもできる．そこで，本章

では，人的資本蓄積によって経済成長が達成されるものと考える[3]．

本章で用いる2期間の世代重複モデルでは，環境保全のための投資が若年世代によってのみおこなわれると仮定される．そこで我々は，(i) 環境悪化要因である熟年世代の消費に対して課税をし，環境保全投資の主体である若年世代に対して一括で所得移転をおこなう政策と，(ii) 若年世代の労働所得に対して課税をし，税収を彼らに一括で移転する政策の2つを考える．政策 (i) は，熟年期の所得すべてが消費されるので，熟年世代から若年世代への所得移転政策であり，他方政策 (ii) は，熟年世代の賃金所得には課税されないので，若年期の人的資本投資に対する補助政策となっている．

ここで得られる結論は次のようなものである．まず，異世代間の所得移転政策は経済成長率を上昇させる．また，その政策によって，より高い環境の水準を達成できることが示される．この結果は，ここで考える所得移転政策を環境保全活動への補助金政策と考えることができることを示している．他方，若年世代の労働所得に対する課税では，人的資本蓄積が早まり成長率が高くなるが，環境の水準は低くなることが示される．

本章の構成は以下の通りである．4.2節において基本モデルを提示する．続く4.3節では，そのモデルの動学体系を考察する．なお，その体系の長期均衡の存在と一意性，および安定性についての議論は補論でおこなう．4.4節では，基本モデルに税を導入する．そこでは，環境保全投資の主体である若年世代への所得移転を，熟年世代の消費に対する課税で賄う場合（4.4.1項）と若年世

代の労働所得に対する課税で賄う場合（4.4.2 項）を検討する．また，4.4.3 項では，それらの政策が環境に及ぼす効果を検討する．4.5 節では，本章でおこなった分析の今後の発展の可能性を述べる．

## 4.2　モデル

　本章の基本モデルは，Azariadis and Drazen（1990），Yakita（2003）により分析された人的資本蓄積を含む 2 期間世代重複モデルに環境的要因を導入したものである．そこでは，各個人は若年期と熟年期の 2 期間生存し，両方の期において労働供給をおこなう．若年期には労働所得の一部を環境保全のために投資し，残りを熟年期の消費のために貯蓄する．熟年期には，その期の労働所得と，若年期の貯蓄の元利合計をすべて消費する．遺産動機はないものとする．人口成長はなく，各世代の人口は等しいと仮定する．ここでは簡単化のため，各世代の人口を 1 に基準化する．なお，$t$ 期に生まれた世代を第 $t$ 世代と呼ぶ．そして，各世代の個人は同質的であると仮定する．

### 4.2.1　個人

　各個人は，若年期と熟年期のそれぞれにおいて 1 単位の時間賦存量を持つ．若年期において個人は，その時間賦存量を，労働市場における労働供給か，あるいは人的資本蓄積のための学習時間に配分する．いま，第 $t$ 世代の個人が人的資本蓄積のために割り当てる時間を $\tau_t$ とする．このとき，労働供給時間は $1 - \tau_t$ である．また，

熟年期には，すべての時間を労働供給に割り当てると仮定する．

人的資本の蓄積方程式は次式で与えられる．

$$h_{t+1} = \phi(\tau_t) h_t \tag{4-1}$$

ただし，$h_t$ は第 $t$ 期の人的資本ストックである．また，$\phi(\tau) > 0$, $\phi'(\tau) > 0$, $\phi''(\tau) < 0$ とする．さらに，

$$\phi(0) = 1, \quad \lim_{\tau \to 0} \phi'(\tau) = \infty, \quad \lim_{\tau \to 1} \phi'(\tau) = 0$$

を仮定する．すなわち，若年期において人的資本蓄積に全く時間を割かなかった場合の次期の人的資本の水準は，前の期の水準に等しい．

第 $t$ 世代の各個人は，若年期には，労働市場において労働を $1 - \tau_t$ だけ供給し，労働所得 $w_t(1-\tau_t)h_t$ を得る．ここで，$w_t$ は $t$ 期の効率労働 1 単位当たりの賃金率である．そして，それを環境保全のための投資 $m_t$ と貯蓄 $s_t$ に配分する．ここでは議論を簡単化するため，若年期の消費を捨象している．熟年期には，所得のすべてを消費する．熟年期の所得は，労働所得 $w_{t+1}h_{t+1}$ と若年期におこなった貯蓄からの利子所得プラス元本 $R_{t+1}s_t$ からなる．ここで，$R_{t+1}$ は $t+1$ 期の利子因子である．このとき，各個人の各期の予算制約式は，次のようになる：

$$w_t(1-\tau_t)h_t = s_t + m_t \tag{4-2}$$
$$c_{t+1} = R_{t+1}s_t + w_{t+1}h_{t+1} \tag{4-3}$$

ただし，$c_{t+1}$ は第 $t$ 世代の個人の熟年期における消費を表す．以上の 2 式から $s_t$ を消去すると，次の生涯予算制約が得られる．

$$\frac{c_{t+1}}{R_{t+1}} + m_t = w_t(1-\tau_t)h_t + \frac{w_{t+1}h_{t+1}}{R_{t+1}} \tag{4-4}$$

以下では，Azariadis and Drazen（1990）に従い，個人の最適化問題を 2 段階に分けて考える．最初に，個人は人的資本の蓄積方程式に従いながら，(4-4) 式の右辺で表される生涯所得を最大化するように時間の配分を決定する．すなわち，次の最大化問題を解く．

$$\max_{\tau_t} w_t(1-\tau_t)h_t + \frac{w_{t+1}h_{t+1}}{R_{t+1}} \text{ subject to } h_{t+1} = \phi(\tau_t)h_t$$

この問題の 1 階の条件は次のようになる．

$$R_{t+1} = \frac{w_{t+1}}{w_t}\phi'(\tau_t) \tag{4-5}$$

ここで，$\phi'$ に関する仮定により $0 < \tau_t < 1$ が保証される．(4-5) 式は人的資本と金融資産の間の裁定条件である．

いま，第 $t$ 世代の代表的個人の効用関数が次式で与えられるとする．

$$u(c_{t+1}, E_{t+1}) \equiv \log c_{t+1} + \eta \log E_{t+1} \tag{4-6}$$

ただし，$E_{t+1}$ は $t+1$ 期における環境の水準を表す指標である．また，$\eta$ は環境への選好を表すパラメータであり $0 < \eta < 1$ と仮定する．ここでは，環境水準 $E_{t+1}$ を次のように定式化する．

$$E_{t+1} = \frac{m_t^\alpha}{c_{t+1}^\beta} \tag{4-7}$$

ただし，$0 < \alpha < 1$，$0 < \beta < 1$，$\alpha \geq \beta$ を仮定する．ここで，$\alpha \geq \beta$ という条件は，John and Pecchenino（1994）等で用いられている蓄積型の環境の質の定式化において仮定される「環境投資が効果的（effective）である」という条件に対応している．ここでの定式化では，熟年期の個人による消費のみが環境悪化要因である[4]．

各個人は，最大化された生涯所得のもとで，生涯予算制約（4-4）式に従い，効用（4-6）式を最大化するように環境保全のための投資および熟年期の消費を選択する．このとき，効用最大化のための1階の条件は，(4-4) 式，および次式で与えられる．

$$\frac{1-\eta\beta}{c_{t+1}} = \frac{\eta\alpha}{R_{t+1}m_t} \tag{4-8}$$

このとき，個人の最適な環境保全への投資，および熟年期における消費は次式で与えられる．

$$m_t = \frac{\eta\alpha}{1+\eta(\alpha-\beta)}\left[w_t(1-\tau_t)h_t + \frac{w_{t+1}h_{t+1}}{R_{t+1}}\right] \quad (4\text{-}9)$$

$$c_{t+1} = \frac{1-\eta\beta}{1+\eta(\alpha-\beta)}R_{t+1}\left[w_t(1-\tau_t)h_t + \frac{w_{t+1}h_{t+1}}{R_{t+1}}\right] \quad (4\text{-}10)$$

また，貯蓄は $s_t = w_t(1-\tau_t)h_t - m_t$ であるから，貯蓄関数が次式で与えられる．

$$s_t = \frac{1-\eta\beta}{1+\eta(\alpha-\beta)}w_t(1-\tau_t)h_t - \frac{\eta\alpha}{1+\eta(\alpha-\beta)}\frac{w_{t+1}h_{t+1}}{R_{t+1}} \quad (4\text{-}11)$$

### 4.2.2 企業

効率労働単位で計った $t$ 期の総労働供給は $N_t = (1-\tau_t)h_t + h_t = (2-\tau_t)h_t$ である．ここでは，物的資本ストックは1期間の生産活動によって完全に償却されると仮定する．すなわち，減価償却率を1とする．いま，各期の資本ストックは，前の期の貯蓄額に等しい．

$$K_{t+1} = s_t \quad (4\text{-}12)$$

ただし，各世代の人口は1に基準化されている．いま，集計的生産関数を $F(K_t, N_t) = N_t \cdot F(\frac{K_t}{N_t}, 1) \equiv N_t \cdot f(k_t)$ とする．ここで $k_t \equiv K_t/N_t$ は効率労働供給1単位当たりの資本ストックである．生産関数 $F$ は，稲田条件を含む通常の新古典派条件を満たすもの

とする．いま，要素市場が競争的であると仮定すると，企業の最適化行動により，次式が成り立つ．

$$R_t = f'(k_t) \tag{4-13}$$
$$w_t = f(k_t) - k_t f'(k_t) \equiv w(k_t) \tag{4-14}$$

### 4.2.3　市場均衡

$t$ 期における資本市場の均衡条件は次式で与えられる．

$$s_t = k_{t+1} N_{t+1} \tag{4-15}$$

$t$ 期の熟年世代の予算制約，$s_t$ の定義，(4-13) 式，および (4-14) 式を用いると，(4-15) 式より $t$ 期の資源制約式が得られる．

$$F(K_t, N_t) = m_t + c_t + K_{t+1}$$

すなわち，$t$ 期に生産された財は，環境投資，熟年世代による消費，および次の期の物的資本蓄積に配分される．

## 4.3　動学体系

このとき，この経済の動学体系は以下の式で与えられる．

$$f'(k_{t+1}) = \frac{w(k_{t+1})}{w(k_t)}\phi'(\tau_t) \tag{4-16}$$

$$(2-\tau_{t+1})h_{t+1}k_{t+1}$$
$$= \frac{1-\eta\beta}{1+\eta(\alpha-\beta)}w(k_t)(1-\tau_t)h_t - \frac{\eta\alpha}{1+\eta(\alpha-\beta)}\frac{w(k_{t+1})h_{t+1}}{f'(k_{t+1})} \tag{4-17}$$

$$\frac{h_{t+1}}{h_t} = \phi(\tau_t) \tag{4-18}$$

(4-16) 式は，労働供給に関する最適条件 (4-5) 式に企業の最適化条件 (4-13)，(4-14) 式を代入して得られる．他方，資本市場の均衡条件式である (4-15) 式に，貯蓄関数 (4-11) 式と，企業の最適化条件 (4-13)，(4-14) 式を代入することにより (4-17) 式が得られる．いま，均斉成長経路を，効率労働単位当たりの資本ストックおよび学習時間が時間を通じて一定となる経路であると定義し，その値をそれぞれ $k$ と $\tau$ とする．すなわち，均斉成長経路上では，

$$k_{t+1} = k_t = k$$

$$\tau_{t+1} = \tau_t = \tau$$

である．このとき，長期的な成長率は次のように与えられる．

$$\frac{Y_{t+1}}{Y_t} = \frac{K_{t+1}}{K_t} = \frac{h_{t+1}}{h_t} = \phi(\tau)$$

いま，均斉成長経路上での (4-16) 式と (4-17) 式は次のように

なる．

$$f'(k) = \phi'(\tau) \tag{4-19}$$
$$(2-\tau)\frac{k}{w(k)} = \frac{1-\eta\beta}{1+\eta(\alpha-\beta)}(1-\tau)\frac{1}{\phi(\tau)} - \frac{\eta\alpha}{1+\eta(\alpha-\beta)}\frac{1}{f'(k)} \tag{4-20}$$

われわれは，次の条件 (4-21), (4-22) のもとで長期均衡の存在と一意性を示すことができる[5] (章末補論 1 を参照)．

$$\frac{kf'(k)}{f(k)}\left[1 - \frac{kf''(k)}{f'(k)}\right] < 1 \tag{4-21}$$
$$\lim_{k \to 0} \frac{k}{w(k)} = 0 \tag{4-22}$$

(4-21) は，代替の弾力性 $\sigma = -f'(f-kf')/kff''$ が資本の分配率 $kf'/f$ よりも大きいという条件と等価であり，$d(k/w(k))/dk > 0$ とも等価である．条件 (4-22) は，たとえばコブダグラス型の生産関数のときには満たされている．また，次の条件 (4-23) のもとでは，長期均衡が鞍点安定であることが示される (章末補論 2 を参照)．

$$\frac{\eta\alpha}{1-\eta\beta}\frac{\tau}{1-\tau} \geq \frac{kf'}{f}\Big/\frac{\tau\phi'}{\phi} \tag{4-23}$$

そこで，以下では，これら3つの条件を仮定して議論を進めることにする[6]．

## 4.4 政策効果

本節では，課税政策の成長効果，およびそれらの政策が環境の長期的な水準に与える影響を分析する．

本章の世代重複モデルでは，若年世代は金融資産を持たない．また，一般に世代間で人的資本の大きさは異なる．そのため，個人間に所得の不平等が生じている．4.4.1項では，政策当局が再分配的な税を導入し，そのような不平等を改善しようとする場合を考える．そのためにここでは，熟年世代の消費に対して課税し，その税収を同期の若年世代に一括で移転する政策を考える．続く4.4.2項では，課税によって資源配分に歪みを生じさせ，その効果を検討する．そのためにここでは，若年世代の労働所得に課税し，その税収を同世代に一括で移転する政策を考える．4.4.3項では，以上のような政策が，環境の長期的な水準に与える影響を検討する[7]．

### 4.4.1 所得移転政策

ここでは，政策当局が熟年世代の消費に課税し，その税収を同じ期の若年世代に一括で移転する政策の効果を検討する．このとき，第$t$世代の個人の予算制約式は次のように変更される：

$$g_t + w_t(1-\tau_t)h_t = s_t + m_t \tag{4-24}$$

$$(1+t_c)c_{t+1} = R_{t+1}s_t + w_{t+1}h_{t+1} \tag{4-25}$$

ただし，$g_t$ は $t$ 期における若年世代への 1 人当たり移転額である．政府は，各期の税収を一括で同期の若年世代に移転するため，政府の予算制約式は $g_t = t_c c_t$ となる．この政策により（4-19）式は不変である．他方，（4-20）式は次のように変更される．

$$(2-\tau)\frac{k}{w(k)} = \frac{1-\eta\beta}{1+\eta(\alpha-\beta)}\left[\frac{1-\tau}{1+t_c} + \frac{t_c(2-\tau)f(k)}{(1+t_c)w(k)}\right]\frac{1}{\phi(\tau)}$$
$$- \frac{\eta\alpha}{1+\eta(\alpha-\beta)}\frac{1}{f'(k)} \qquad (4\text{-}26)$$

ここで，政策導入による $k$ および $\tau$ の長期水準への効果を調べるため，(4-19) 式と (4-26) 式を $t_c$ で微分して $t_c = 0$ で評価すると次のようになる．

$$\left.\frac{dk}{dt_c}\right|_{t_c=0} = \frac{\left(\frac{\phi''}{\phi}\right)\left\{\left(\frac{f(k)}{w(k)}\right)(2-\tau) - \frac{1-\eta\beta}{1+\eta(\alpha-\beta)}(1-\tau)\right\}}{D}$$

$$\left.\frac{d\tau}{dt_c}\right|_{t_c=0} = \frac{\left(\frac{f''}{\phi}\right)\left\{\left(\frac{f(k)}{w(k)}\right)(2-\tau) - \frac{1-\eta\beta}{1+\eta(\alpha-\beta)}(1-\tau)\right\}}{D}$$

ただし，

$$D \equiv f'' \left\{ (2-\tau) \frac{k}{w(k)} \frac{\phi'}{\phi} + \frac{1}{\phi} - \frac{k}{w(k)} \right\} \\ + \phi'' \left\{ (2-\tau) \frac{d(k/w(k))}{dk} - \frac{\eta\alpha}{1+\eta(\alpha-\beta)} \frac{f''}{(f')^2} \right\}$$

である．簡単な計算により，均斉成長経路上では $1/\phi > k/w(k)$ となることを示すことができるので，条件（4-21）のもとでは $D < 0$ である．いま，$dk/dt_c$ と $d\tau/dt_c$ の分子における { } の中は共通であり，$(f(k)/w(k)) > 1 > (1-\eta\beta)/(1+\eta(\alpha-\beta))$ であることに注意すれば，その符号はプラスであることがわかる．また，$f'' < 0$ かつ $\phi'' < 0$ であるから，$dk/dt_c$ と $d\tau/dt_c$ の分子はともにマイナスである．よって $dk/dt_c > 0$ かつ $d\tau/dt_c > 0$ となる．

以上の議論をまとめて，次の命題を得る．

命題 4.1
熟年期から若年期への所得移転は，長期均衡における個人の訓練時間および資本労働比率を上昇させる：

$$\frac{dk}{dt_c} > 0 \text{ および } \frac{d\tau}{dt_c} > 0$$

この結果は，次のように解釈することができる．ここで考えたような熟年世代から若年世代への所得移転政策（所得再分配）は，若年世代に貯蓄を増やすことによって所得を異時点間で再配分しようとする誘因を与える．貯蓄の増加は物的資本蓄積を促進するが，そ

れは利子率を低下させる．利子率の低下は，物的資本投資に対する人的資本投資の収益率を相対的に上昇させるから，人的資本への投資の魅力が増加する．その結果，個人は若年期において学習時間を増加させ，それが成長率を高めることになる．

### 4.4.2 若年世代の労働所得に対する課税

ここでは，政府が若年世代の労働所得に課税し，その税収を同世代に一括移転する政策の効果を検討する．そのような政策により，第 $t$ 世代の若年期の予算制約式は次のように変更される．

$$g_t + (1 - t_w)w_t(1 - \tau_t)h_t = s_t + m_t \tag{4-27}$$

他方，このような政策により，熟年期の予算制約式は不変である．そして，$t$ 期における政府の予算制約式は $g_t = t_w w_t(1 - \tau_t)h_t$ である．このとき，(4-19) 式は，

$$f'(k) = \frac{\phi'(\tau)}{1 - t_w} \tag{4-28}$$

に修正され，他方，(4-20) 式は変化しない．このような政策導入による $k$ および $\tau$ の長期水準への効果を調べるため，(4-28) と (4-20) を用いて，所得税率 $t_w$ に関する比較静学をおこない $t_w = 0$ で評価すると次のようになる．

$$\left.\frac{dk}{dt_w}\right|_{t_w=0} = \frac{1}{D}\left\{(2-\tau)\frac{k}{w(k)}\frac{(\phi')^2}{\phi} + \phi'\left(\frac{1}{\phi} - \frac{k}{w(k)}\right)\right\}$$
(4-29)

$$\left.\frac{d\tau}{dt_w}\right|_{t_w=0} = \frac{1}{D}\left\{\frac{\eta\alpha}{1+\eta(\alpha-\beta)}\frac{f''}{f'} - (2-\tau)\phi'\frac{d(k/w(k))}{dk}\right\}$$
(4-30)

ここで,$D$ は 4.4.1 項における $D$ と同じであり,$D < 0$ である.均斉成長経路上では $1/\phi > k/w(k)$ であるから,$dk/dt_w$ の分子の符号はプラスであり,よって $dk/dt_w < 0$ となる.他方,$d\tau/dt_w$ の分子の符号は,条件(4-21)のもとでマイナスとなり,よって $d\tau/dt_w > 0$ である.

以上をまとめると次の命題が得られる:

命題 4.2
若年世代に労働所得税を課し,その税収を同世代に一括移転する政策は,長期均衡における資本労働比率を低下させ,学習時間を増加させる:

$$\frac{dk}{dt_w} < 0 \ \text{および} \ \frac{d\tau}{dt_w} > 0$$

この結果は,次のように解釈することができる.ここで考えているような若年世代の労働所得に対する課税は,物的資本への投資に対する人的資本への投資の収益率を相対的に上昇させるので,若年世

## 4.4 政策効果

代に対して人的資本への投資を増加させる誘因を与えることになる．そのため，若年世代は，労働供給時間を減少させて訓練時間を増加させる．労働供給時間の減少は，若年世代の労働所得を減少させ，それが政府の税収を減少させるので，一括移転額も減少し，それは，若年世代の所得をさらに減少させる．所得の減少は若年世代による貯蓄額を減少させるので，その結果，物的資本蓄積が抑制されることになる．他方，学習時間の増加は人的資本蓄積を早め，それが成長率を高めることになる．

### 4.4.3 課税政策の環境に対する影響

ここでは，4.4.1項および4.4.2項で考察した政策が環境の水準に与える長期的な効果を検討する．

まず，環境水準が $E_{t+1} = m_t^\alpha / c_{t+1}^\beta$ で定義されていたことに注意しよう．個人の最適な環境保全投資 $m_t$，および最適消費 $c_{t+1}$ はそれぞれ式で与えられるから，均斉成長経路上における環境支出 $\tilde{m}_t$ と消費水準 $\tilde{c}_{t+1}$ はそれぞれ次式で与えられる．

$$\tilde{m}_t = \frac{\eta\alpha}{1+\eta(\alpha-\beta)}\left[w(k)(1-\tau) + \frac{w(k)\phi(\tau)}{f'(k)}\right]\tilde{h}_t \qquad (4\text{-}31)$$

$$c_{t+1} = \frac{1-\eta\beta}{1+\eta(\alpha-\beta)}f'(k)\left[w(k)(1-\tau) + \frac{w(k)\phi(\tau)}{f'(k)}\right]\tilde{h}_t \qquad (4\text{-}32)$$

ただし，$\tilde{h}_t$ は均斉成長経路上における人的資本ストックの経路である．よって，均斉成長経路における環境の水準は次式で与えられ

る.

$$\tilde{E}_{t+1} = \left( \frac{\tilde{m}_t^\alpha}{\tilde{c}_{t+1}^\beta} \right)$$

$$= \frac{(\eta\alpha)^\alpha (1-\eta\beta)^\beta}{(1+\eta(\alpha-\beta))^{\alpha-\beta}} \frac{1}{(f'(k))^\beta}$$

$$\times \left[ w(k)(1-\tau) + \frac{w(k)\phi(\tau)}{f'(k)} \right]^{\alpha-\beta} \tilde{h}_t^{\alpha-\beta}$$

ただし，$\tilde{E}_t$ は均斉成長経路上での環境の水準を表す．ここで，$k$ の上昇が $\tilde{E}$ の経路に与える影響を求める．いま，

$$\Gamma(k,\tau) \equiv \frac{1}{(f'(k))^\beta} \left[ w(k)(1-\tau) + \frac{w(k)\phi(\tau)}{f'(k)} \right]^{\alpha-\beta}$$

とおくと，

$$\frac{\partial \tilde{E}_{t+1}}{\partial k} = \frac{(\eta\alpha)^\alpha (1-\eta\beta)^\beta}{(1+\eta(\alpha-\beta))^{\alpha-\beta}} \frac{\partial \Gamma}{\partial k} \tilde{h}_t^{\alpha-\beta}$$

である．ただし，

$$\frac{\partial \Gamma}{\partial k} = -\beta \frac{f''(k)}{(f'(k))^{\beta+1}} \tilde{I}^{\alpha-\beta}$$
$$+ \frac{1}{(f'(k))^\beta}(\alpha - \beta)\tilde{I}^{\alpha-\beta-1}$$
$$\times \left[ w'(k)(1-\tau) + \frac{\phi(\tau)[w'(k)f'(k) - w(k)f''(k)]}{(f'(k))^2} \right]$$

であり, $\tilde{I} \equiv w(k)(1-\tau) + \frac{w(k)\phi(\tau)}{f'(k)}$ である. いま, $w'(k) = -kf''(k) > 0$ であることから, $\frac{\partial \Gamma}{\partial k} > 0$ となることがわかる. よって, $k$ の水準が高いほど, 均斉成長経路における環境の水準 $\tilde{E}$ が高くなることがわかる[8]. 次に, $\tau$ の変化が $\tilde{E}$ の経路に与える影響を求める. 上と同様にして,

$$\frac{\partial \tilde{E}_{t+1}}{\partial \tau} = \frac{(\eta\alpha)^\alpha (1-\eta\beta)^\beta}{(1+\eta(\alpha-\beta))^{\alpha-\beta}} \frac{\partial \Gamma}{\partial \tau} \tilde{h}_t^{\alpha-\beta}$$

となり, ここで,

$$\frac{\partial \Gamma}{\partial \tau} = \frac{1}{(f'(k))^\beta} \tilde{I}^{\alpha-\beta-1} w(k) \left[ -1 + \frac{\phi'(\tau)}{f'(k)} \right]$$

であるが, 均斉成長経路上においては $f'(k) = \phi'(\tau)$ が成立しているので $\frac{\partial \Gamma}{\partial \tau} = 0$ となることがわかる. よって, 学習時間の長期水準の上昇は, 環境の水準に影響を与えない.

以上の結果を用いて, 前節で考察した政策の環境に対する効果を見よう. まず, 4.4.1 項で検討した消費税による熟年世代から若年

世代への所得移転政策では，命題 4.1 で示されたように，その政策の導入によって資本ストックの長期水準 $k$ の値は上昇するから，

$$\frac{\partial \tilde{E}_{t+1}}{\partial t_c} = \frac{\partial \tilde{E}_{t+1}}{\partial k}\frac{dk}{dt_c} + \frac{\partial \tilde{E}_{t+1}}{\partial \tau}\frac{d\tau}{dt_c} > 0$$

となる．すなわち，熟年世代から若年世代への所得移転の導入は，環境の水準を引き上げる効果を持つ．

続いて，4.4.2 項で検討した若年世代の労働所得への課税政策が導入された場合を考える．命題 4.2 で示されたように，その政策の導入は資本ストックの長期的な水準を引き下げるから，

$$\frac{\partial \tilde{E}_{t+1}}{\partial t_w} = \frac{\partial \tilde{E}_{t+1}}{\partial k}\frac{dk}{dt_w} + \frac{\partial \tilde{E}_{t+1}}{\partial \tau}\frac{d\tau}{dt_w} < 0$$

となる．すなわち，若年世代の労働所得への課税は，環境の水準を低下させることがわかる．以上の結果をまとめると次のようになる．

命題 4.3
熟年期から若年期への所得移転政策の導入は，環境の水準を長期的に上昇させる．また，若年世代の労働所得に対する課税の導入は，環境の水準を長期的に低下させる．すなわち，次の関係が成り立つ：

$$\tilde{E}_t^D < \tilde{E}_t < \tilde{E}_t^R$$

ただし，$\tilde{E}^R$ は所得移転政策が導入されたときの環境の長期水準，$\tilde{E}^D$ は若年世代の労働所得への課税が導入されたときの環境の水準を表す．

この結果は次のように考えることができる．熟年世代から若年世代への所得移転により，長期的により高い環境の水準が達成される．本章のモデルにおける環境保全の主体が若年世代だけであることを考慮すると，この結果は，4.4.1項で考察した所得移転政策を環境保全活動に対する補助金政策と考えることができることを示している．ゆえに，もし政府の政策目標が，高い環境の水準を維持することである場合には，このような所得再分配政策を導入することが望ましいといえる．しかし，ここで考えた所得移転政策では，政策導入時点における熟年世代の所得が確実に減少する．本章のモデルでは，政策導入時点において熟年世代は総人口の半分を占めるため，このような政策を多数決によって導入することは困難かもしれない．ゆえに，このような政策の導入のためには，政府が各世代に対して異なるウエイトをおいた目的関数をもつ，あるいは環境に対してより大きなウエイトをおいた目的関数をもつと考える必要があるかもしれない．

## 4.5 おわりに

本章では，人的資本蓄積を成長のエンジンとする世代重複モデ

ルに環境的要因を組み入れたモデルを用いて，2つの課税政策の効果を分析した．そこでは，熟年世代から若年世代への所得移転政策が，人的資本蓄積を促進し，成長率を高める効果があることが示された．さらに，そのような政策により高い環境の水準が達成されることが示された．すなわち，ここで考えた所得移転政策は，環境保全活動への補助金の役割を果たすと考えることができる．また，若年世代の労働所得に課税し，その税収を同世代に一括で移転する政策では，成長率を高めることができるが，所得と消費の増加により環境の長期的な水準は低くなることが示された．

最後に，本章でおこなった分析の今後の発展の可能性についてまとめておく．まず，本章のモデルでは，環境の質が将来期に蓄積しない形で定式化されていた．そのため，温室効果ガスの問題のような，現在期における環境汚染が将来世代に対して大きな影響を与える問題は，本章のモデルを用いて分析することができない．そこで，たとえば John and Pecchenino (1994) 等で用いられているような蓄積型の定式化を本章のモデルに導入することが考えられる．さらに，本章の序文で述べたように，環境を人的資本生産の投入財としてモデルに組み入れることができれば，人的資本と環境という将来世代の厚生を高め得る2種類の資本の蓄積，またそれらの資産の異世代間における分配や衡平性の問題等を詳細に分析することができるであろう．

## 補論1　長期均衡の存在と一意性

ここでは，4.2 節で考察したモデルの長期均衡の存在，およびそ

の一意性について検討する．最初に，その存在を示す．均斉成長経路は，次の2式を満たす$k$と$\tau$の対として定義されていた．

$$f'(k) = \phi'(\tau) \qquad (4\text{-}19)$$

$$(2-\tau)\frac{k}{w(k)} = \frac{1-\eta\beta}{1+\eta(\alpha-\beta)}(1-\tau)\frac{1}{\phi(\tau)} - \frac{\eta\alpha}{1+\eta(\alpha-\beta)}\frac{1}{f'(k)} \qquad (4\text{-}20)$$

いま，$\phi'' < 0$, $\lim_{t\to 0}\phi'(\tau) = \infty$，および $\lim_{t\to 1}\phi'(\tau) = 0$ より，$\phi'$ は $(0, \infty)$ で定義された逆関数を持つ．それを $\psi$ で表す：$\psi = (\phi')^{-1}$．このとき（4-19）式から $\tau = \psi(f'(k))$ である．稲田条件と $\phi'$ に関する仮定から，$\lim_{k\to 0}\psi(f'(k)) = 0$ および $\lim_{k\to\infty}\psi(f'(k)) = 1$ が成り立つ．ここで，

$$\Psi(k,\tau) \equiv (2-\tau)\frac{k}{w(k)} - \frac{1-\eta\beta}{1+\eta(\alpha-\beta)}(1-\tau)\frac{1}{\phi(\tau)}$$
$$+ \frac{\eta\alpha}{1+\eta(\alpha-\beta)}\frac{1}{f'(k)}$$

と定義すると，（4-20）式は $\Psi(k,\tau) = 0$ を表す．これに $\tau = \psi(f'(k))$ を代入すると，$\Psi(k, \psi(f'(k))) \equiv \tilde{\Psi}(k) = 0$ である．よって，$\tilde{\Psi}(k^*) = 0$ を満たす $k^*$ の存在を示せばよい．

まず，$k \to 0$ のとき $\lim_{k\to 0}\tilde{\Psi}(k) = 2 \cdot \lim_{k\to 0}(k/w(k)) - \frac{1-\eta\beta}{1+\eta(\alpha-\beta)}$ であるが，仮定（4-22）のもとでは右辺はマイナスであ

る．次に，$k \to \infty$ のときを考えると，$\lim_{k\to\infty} \tilde{\Psi}(k) = \lim_{k\to\infty} \left(\frac{k}{w(k)}\right) + \frac{\eta\alpha}{1+\eta(\alpha-\beta)} \cdot \lim_{k\to\infty}(1/f'(k))$ である．仮定 (4-21) のもとでは $d(k/w(k))/dk > 0$ であるから，$0 < \lim_{k\to\infty}(k/w(k)) < \infty$，あるいは $\lim_{k\to\infty}(k/w(k)) = \infty$ のいずれかであるが，稲田条件と $f' > 0$ のもとでは，いずれの場合も $\lim_{k\to\infty} \tilde{\Psi}(k) > 0$ である．よって，中間値の定理より $\tilde{\Psi}(k^*) = 0$ を満たす $k^* \in (0, \infty)$ が存在する．そしてこのとき，$(k, \tau) = (k^*, \psi(f'(k^*)))$ は (4-19) 式と (4-20) 式を同時に満たす $k$ と $\tau$ の組となる．以上で，長期均衡の存在が示された．

次に，一意性を調べる．いま，

$$\frac{d\tau}{dk} = \psi'(f'(k)) \cdot f''(k) = \frac{f''(k)}{\phi''(\psi(f'(k)))}$$

$$\frac{d\tilde{\Psi}(k)}{dk} = \left\{-\frac{k}{w(k)} + \frac{1-\eta\beta}{1+\eta(\alpha-\beta)} \frac{\phi(\tau) + (1-\tau)\phi'(\tau)}{\phi^2(\tau)}\right\} \frac{d\tau}{dk}$$
$$+ (2-\tau)\frac{d(k/w(k))}{dk} - \frac{\eta\alpha}{1+\eta(\alpha-\beta)} \frac{f''(k)}{(f'(k))^2}$$

である．ここで，$f$ および $\phi$ に関する仮定から，$d\tau/dk > 0$ であり，よって $\psi \circ f'$ は単調増加関数である．他方，$d\tilde{\Psi}(k)/dk$ の右辺第 1 項については，(4-20) 式および $\phi' > 0$ より $\{\ \}$ の中がプラスになることが確認できる．また，仮定 (4-21) のもとでは，右辺第 2 項はプラスである．よって，$d\tau/dk > 0$ より $d\tilde{\Psi}(k)/dk > 0$ であるから，上で存在が示された $k^*$ が一意的であることがわかる．さらに，$\psi \circ f'$ の単調性から，その $k^*$ の値に対して，$\tau = \psi(f'(k^*))$ の値も一意に決まることがわかる．したがって，長期均

衡は一意的である．

## 補論 2　長期均衡の安定性

ここでは，補論 1 で存在を示した均斉成長経路について，その安定性を議論する．考察の対象となる動学体系は次のように与えられていた．

$$f'(k_{t+1}) = \frac{w(k_{t+1})}{w(k_t)} \phi'(\tau_t) \tag{4-16}$$

$$\begin{aligned}(2 - \tau_{t+1})\phi(\tau_t)h_t k_{t+1} &= \frac{1-\eta\beta}{1+\eta(\alpha-\beta)} w(k_t)(1-\tau_t)h_t \\ &\quad - \frac{\eta\alpha}{1+\eta(\alpha-\beta)} \frac{w(k_{t+1})\phi(\tau_t)h_t}{f'(k_{t+1})}\end{aligned} \tag{4-17}$$

これらの動学体系を，均斉成長経路の近傍で線型近似する：

$$\begin{aligned}\begin{pmatrix} k_{t+1} - k \\ \tau_{t+1} - \tau \end{pmatrix} &= \begin{pmatrix} J_{11} & J_{12} \\ J_{21} & J_{22} \end{pmatrix} \begin{pmatrix} k_t - k \\ \tau_t - \tau \end{pmatrix} \\ &\equiv J \cdot \begin{pmatrix} k_t - k \\ \tau_t - \tau \end{pmatrix}\end{aligned}$$

ただし，$J$ の成分はそれぞれ，

$$J_{11} = \frac{kf'}{f}$$
$$J_{12} = \frac{w(k)\phi''}{ff''}$$
$$J_{21} = \frac{1}{\phi}\left[\frac{1-\eta\beta}{1+\eta(\alpha-\beta)}(1-\tau)f''\right.$$
$$\left.-\frac{f'\phi}{f}\left\{\frac{\eta\alpha}{1+\eta(\alpha-\beta)}\frac{ff''}{(f')^2}-(2-\tau)\right\}\right]$$
$$J_{22} = \frac{1}{k\phi}\left[w(k)+(2-\tau)k\phi'\right.$$
$$\left.-\phi\left\{\frac{\eta\alpha}{1+\eta(\alpha-\beta)}\frac{w(k)\phi''}{(f')^2}-(2-\tau)\frac{w(k)}{f}\frac{\phi''}{f''}\right\}\right]$$

である．ここで，$J$ の行列式 $\det J$ とトレース $\mathrm{trace} J$ は，それぞれ，

$$\det J = \frac{f'}{f\phi}[w(k)+(2-\tau)k\phi'] - \frac{1-\eta\beta}{1+\eta(\alpha-\beta)}\frac{w(k)\phi''}{f\phi}(1-\tau)$$
$$\mathrm{trace} J = \frac{kf'}{f} + \frac{1}{k\phi}\left[w(k)+(2-\tau)k\phi'\right.$$
$$\left.-\phi\left\{\frac{\eta\alpha}{1+\eta(\alpha-\beta)}\frac{w(k)\phi''}{(f')^2}-(2-\tau)\frac{w(k)}{f}\frac{\phi''}{f''}\right\}\right]$$

である．いま，$\phi''<0$ に注意すれば $\det J>0$ かつ $\mathrm{trace} J>0$ であることは明らかである．ここで，固有多項式を $\Gamma(\lambda)\equiv\lambda^2-(\mathrm{trace} J)\lambda+\det J$ とすると，

$$\begin{aligned}
\Gamma(1) &= 1 - \mathrm{trace} J + \det J \\
&= \frac{w(k)}{fk\phi}\Bigg[k\phi - w(k) - (2-\tau)k\phi' \\
&\quad + \frac{\phi''}{f''}\bigg\{\frac{1-\eta\beta}{1+\eta(\alpha-\beta)}\frac{f''}{f'}(\frac{\eta\alpha}{1-\eta\beta}\frac{f}{f'}\phi \\
&\quad -(1-\tau)kf') - \frac{(2-\tau)}{k}\bigg\}\Bigg]
\end{aligned}$$

となるが,均斉成長経路上では $k\phi < w(k)$ であることが確かめられるので,条件 (4-23) のもとでは上式の最右辺の符号は負である.よって,係数行列 $J$ の 2 つの固有根を $\lambda_1$, $\lambda_2$ で表すと,$\lambda_1$, $\lambda_2 \in R$ であり,いま $\lambda_1 \leq \lambda_2$ であるとすると,$0 < \lambda_1 < 1 < \lambda_2$ となる.よって,長期均衡は鞍点安定である.

注
[1] 本章は,井上・平澤 (2001),平澤 (2002) に加筆,修正を加えたものである.
[2] John and Pecchenino (1994) 以降の世代重複モデルを用いた研究では,たとえば,政府と個人の計画期間が異なる場合の分析 (John et al. (1995)),Barro 型の利他主義の導入 (Jouvet et al. (2000a)),公債の中立命題と公共財供給の中立命題という異世代間と世代内の 2 種類の中立性命題の検討 (Jouvet et al. (2000b)),など,新しい要素を John and Pecchenino (1994) のモデルに組み入れた分析もおこなわれている.しかし,それらの分析においては,新古典派的成長論の枠組みが用いられている.
[3] しかし,本章の分析では,環境が人的資本蓄積に及ぼす直接的な効果は考慮していない.
[4] 環境のこのような定式化は,Gradus and Smulders (1993) で用い

られたものを離散型に修正したものである．ただし，Gradus and Smulders (1993) では，資本ストックが環境悪化要因と仮定されているが，ここではそれを消費に変更している．また，ここでは環境 $E$ の環境投資 $m$ に関する弾力性 $\alpha$，および $E$ の消費 $c$ に関する弾力性 $\beta$ が異なる可能性も考慮している．

[5] Azariadis and Drazen (1990) でも同様の条件が仮定されている．*cf.* Azariadis and Drazen (1990), p.512.

[6] この条件 (4-23) は，Yakita (2003) の条件 (12) に対応している．Yakita (2003) では，現実的なパラメータの値のもとではその条件が成立する可能性が高いことが示されている．

[7] 本節では主に各課税政策の導入効果を分析するが，政策がすでに導入されているときの税率変更の効果についても，長期均衡の存在と一意性，およびその鞍点安定性が成り立つ限りにおいて，同様に分析することが可能である．

[8] このような環境の質と資本ストックの間の正の関係は，John and Pecchenino (1994) 型のモデルでも成り立つ．第1章における John and Pecchenino (1994) モデルのサーヴェイを参照．

## 第 5 章
# 排出削減の負担配分と経済成長
—— Hirazawa, Saito and Yakita（2011）の議論

## 5.1 はじめに

　第4章では，人的資本蓄積を成長のエンジンとする1国成長モデルに環境を表す変数を導入して，課税政策が環境や経済に及ぼす長期的な効果を検討した．そこでは，1国経済にのみ焦点が当てられ，また環境のフローの側面に注目していた．よって，第1章で述べたような環境の空間的広がり，および時間的広がりは考慮されていなかった．

　そこで本章では，第4章のモデルに環境の空間的広がり（グローバルな環境，越境汚染）と時間的な広がり（ストックとしての環境）を組み入れた議論とも考えられる Hirazawa, Saito and Yakita（2011）の内容を簡単に紹介して，本書の議論の締めくくりとしたい．そこでは，地球温暖化のようなグローバルな環境問題への対策における国際的な合意の可能性を探る上で，経済発展の度合いが異なる国々の間で温室効果ガスの削減の負担をどのように配分するかという問題が重要であるという観点から，排出削減の負担ルールの違いが国家間の所得分配にどのような帰結をもたらすかが分析されている．

## 5.2　Hirazawa, Saito and Yakita（2011）の議論

Hirazawa, Saito and Yakita（2011）では，人的資本を成長のエンジンとする2つの国が共通の環境に直面しており，両国がともに排出削減のために負担をする状況を表した2国世代重複モデルが用いられている．そこでは，2国間の戦略的行動の帰結ではなく，国際協調の合意が得られたとして，その場合に負担ルールの違いがどのような帰結をもたらすかが分析される．

Hirazawa, Saito and Yakita（2011）では，国1と国2の2つの国からなる世界が仮定される．両国の人口は同じであり，それを1に基準化する．離散的な時間（$t = 1, 2, \ldots$）を考え，毎期新しい世代が生まれる．各国における各世代の個人は同質的であり，それぞれ若年期と熟年期の2期間生存する．個人は，若年期には1に基準化された時間賦存量を人的資本蓄積のための学習時間と余暇に配分し，熟年期には労働市場で労働を供給して賃金を得て，それをすべて消費する．そこでは若年期の消費は捨象されている．第 $j$ 国（$j = 1, 2$）の第 $t$ 期に生まれた個人の効用関数は次のように仮定されている．

$$\frac{n_{jt}^{1-\sigma}}{1-\sigma} + \rho \frac{c_{jt+1}^{1-\sigma}}{1-\sigma}$$

ただし，$n_{jt}$ は若年期における余暇，$c_{jt+1}$ は熟年期における消費，$\sigma > 0$ は限界効用の弾力性，$\rho$ は主観的な割引因子である．また，$\sigma < 1$ が仮定されている．なお後述するように，Hirazawa, Saito

## 5.2 Hirazawa, Saito and Yakita (2011) の議論

and Yakita (2011) では,国際的な取り決めにより設定された排出水準を達成するように 2 国間で排出の負担が配分されると仮定される.その結果,環境の質が時間を通じて一定となる場合が考察されるため,環境の変化が効用に与える影響は捨象されている.また,人的資本の蓄積方程式は次式が仮定されている.

$$h_{jt+1} = \tilde{\theta} h_{jt}^{\delta}(1 - n_{jt})$$

すなわち,第 $t$ 期に生まれた個人の熟年期における人的資本の水準 $h_{jt+1}$ は,若年期における学習時間 $1 - n_{jt}$ と親の世代の人的資本水準 $h_{jt}$ により決まると仮定される.また,1 人当たり生産関数として次式が仮定されている.

$$y_{jt+1} = \mu P_{t+1}^{\gamma} h_{jt+1}$$

ここで,$P_{t+1}$ は両国にとって共通の環境の質を表している.国を示す添え字がないことからわかるように,環境の質は両国にとって共通と仮定されている.また,$\mu > 0$,$\gamma > 0$ はパラメータである.このとき,個人にとっての予算制約式は,

$$c_{jt+1} = (1 - \tau_{jt+1}) y_{jt+1} = (1 - \tau_{jt+1}) \tilde{\theta} \mu P_{t+1}^{\gamma} h_{jt}^{\delta}(1 - n_{jt})$$

で表される.ここでは,所得に対して $\tau_{jt+1}$ の率で課税され,その税収は排出削減に用いられる.以下では,$\tau_{jt+1}$ を $j$ 国における排出削減への負担率と呼ぶ.

予算制約式のもとで，個人の効用最大化問題を解くと，個人にとっての最適な学習時間と，そのもとでの人的資本ストックの推移式が，それぞれ次のように得られる．

$$1 - n_{jt} = \frac{\rho^{\frac{1}{\sigma}}[(1-\tau_{jt+1})\mu\tilde{\theta}P_{t+1}^{\gamma}h_{jt}^{\delta}]^{\frac{1-\sigma}{\sigma}}}{1+\rho^{\frac{1}{\sigma}}[(1-\tau_{jt+1})\mu\tilde{\theta}P_{t+1}^{\gamma}h_{jt}^{\delta}]^{\frac{1-\sigma}{\sigma}}}$$

$$h_{jt+1} = \rho^{\frac{1}{\sigma}}\frac{[(1-\tau_{jt+1})^{1-\sigma}\mu^{1-\sigma}\tilde{\theta}P_{t+1}^{\gamma(1-\sigma)}h_{jt}^{\delta}]^{\frac{1}{\sigma}}}{1+\rho^{\frac{1}{\sigma}}[(1-\tau_{jt+1})\mu\tilde{\theta}P_{t+1}^{\gamma}h_{jt}^{\delta}]^{\frac{1-\sigma}{\sigma}}}$$

また，両国にとって共通なグローバルな環境水準の推移は，次式が仮定されている．

$$P_{t+1} = P_t - \alpha\Sigma_{j=1}^{2}c_{jt} + \beta\Sigma_{j=1}^{2}m_{jt}$$

ただし，$m_{jt} = \tau_{jt}y_{jt}$ は $j$ 国における排出削減支出である．なお，ここでは各国の消費が環境悪化要因と仮定されている．

Hirazawa, Saito and Yakita（2011）の議論の特徴は，地球温暖化問題における現実の国際的な取組みに見られるように，国際的な交渉等により排出の大きさを定めて，それを達成するように各国の間で排出削減の負担を配分する状況を考えている点にあり，そのような負担配分のルールの違いが各国の経済成長に与える影響を考察している点にある．そこでは，環境の質が現状よりも悪化しない，すなわち，$P_{t+1} = P_t = \bar{P}$ となるように両国が排出削減をおこなうとして，その負担の配分の仕方として，次の2つのケースを考えている．1つは，負担率が各国の所得水準に比例する場合，すな

わち，$\tau_{1t+1}/\tau_{2t+1} = y_{1t+1}/y_{2t+1}$ を満たすように両国で負担を配分する場合であり（これを所得比例負担ルールと呼んでいる），もう1つは，所得の水準には依存せず，負担を均等に配分する場合，すなわち $\tau_{1t+1} = \tau_{2t+1}$ を満たす場合である（これを均等負担ルールと呼んでいる）．$P_{t+1} = P_t = \bar{P}$ となるという条件から，両国の配分は，

$$[\alpha(1-\tau_{1t+1}) - \beta\tau_{1t+1}]y_{1t+1} + [\alpha(1-\tau_{2t+1}) - \beta\tau_{2t+1}]y_{2t+1} = 0$$

を満たさなくてはならない．このとき，所得比例負担ルールでは，各国の削減負担率はそれぞれ，

$$\tau_{jt+1} = \frac{\alpha[1 + (y_{jt+1}/y_{kt+1})]}{(\alpha+\beta)[(y_{1t+1}/y_{2t+1}) + (y_{2t+1}/y_{1t+1})]}$$
$$(j=1,2, k \neq j)$$

で与えられ，また均等負担ルールでは，両国の負担率が，

$$\tau_{1t+1} = \tau_{2t+1} = \frac{\alpha}{\alpha+\beta} \equiv \tau_{t+1}$$

で与えられることが確認できる．

　以上の設定のもとで，$t$ 期の人的資本水準 $h_{jt}(j=1,2)$ および $P_{t+1} = P_t = \bar{P}$ が与えられると，各負担ルールのもとでの $t+1$ 期における各国の負担率が決まり[1]，それらを人的資本の推移式に

代入することで $t+1$ 期における人的資本水準が決まり，それより $t+1$ 期の各国の所得水準が決まる．

Hirazawa, Saito and Yakita (2011) では，以上のような設定の下で，排出削減負担ルールの違いが両国の所得格差 $x_{t+1} \equiv y_{1t+1}/y_{2t+1}$ の時間を通じた変化にどのような違いをもたらすかを検討している．このモデルでは，$y_{1t+1}/y_{2t+1} = h_{1t+1}/h_{2t+1}$ となるが，ここで，

$$\frac{h_{1t+1}}{h_{2t+1}} = \left(\frac{1-\tau_{1t+1}}{1-\tau_{2t+1}}\right)^{\frac{1-\sigma}{\sigma}} \left(\frac{h_{1t}}{h_{2t}}\right)^{\frac{\delta}{\sigma}} \frac{\left\{1 + \rho^{\frac{1}{\sigma}}[(1-\tau_{2t+1})\mu\tilde{\theta}\bar{P}^{\gamma}h_{2t}^{\delta}]^{\frac{1-\sigma}{\sigma}}\right\}}{\left\{1 + \rho^{\frac{1}{\sigma}}[(1-\tau_{1t+1})\mu\tilde{\theta}\bar{P}^{\gamma}h_{1t}^{\delta}]^{\frac{1-\sigma}{\sigma}}\right\}}$$

である．ただし，$\tau_{jt+1}$ は，$h_{jt}$ $(j=1,2)$ および $\bar{P}$ が与えられたとき，上記の各負担配分ルールのもとで決定される値が用いられる．なお，そこでは国 2 の方が国 1 よりも初期時点における人的資本水準が高い，すなわち $h_{1t}/h_{2t} < 1$ が仮定されており，また長期的には所得格差が解消されるケースに注目している．

ここでは，Hirazawa, Saito and Yakita (2011) で示された数値例の結果を紹介しよう[2]．パラメータの基準値として，次のような値が仮定される：$\sigma = 0.5$, $\rho = (1+0.04)^{-25}$, $\tilde{\theta} = 2$, $\delta = 0.8$, $\mu = 2.6$, $\gamma = 0.2$, $\alpha = 2$, $\beta = 12$, $\bar{P} = 15$．また，各国の人的資本の初期値は，それぞれ $h_{11} = 3$, $h_{21} = 5$ が仮定されている．

図 5-1 は，パラメータの値を基準値に設定したときの，各負担

## 5.2 Hirazawa, Saito and Yakita (2011) の議論

**図 5-1** 排出削減の費用負担と所得格差の時間を通じた推移（基準ケース）

(a) 所得格差の時間を通じた推移

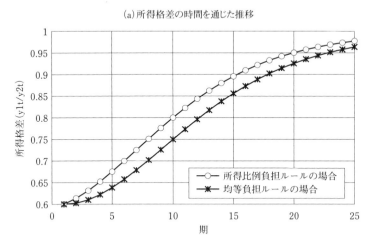

(b) 排出削減の費用負担率の時間を通じた推移

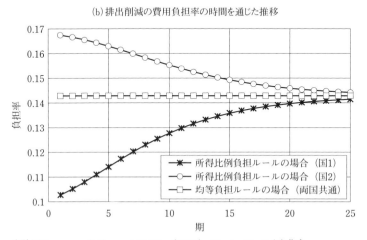

出所：Hirazawa, Saito and Yakita (2011), Fig.1, Fig.2 より作成

配分ルールの場合の負担率と所得格差の時間を通じた推移を示したものである．図5-1 (a) に示されているように，どちらの負担配分ルールのもとでも，所得格差は時間を通じて縮小していくが，直観的にも明らかなように，所得比例負担ルールの場合の方が，均等負担ルールの場合と比べて所得格差縮小のスピードは速い．また，図5-1 (b) に示されているように，所得比例負担ルールの場合，初期の時点では所得水準の高い国2の負担が大きく，所得水準の低い国1の負担が小さくなっている．しかし，時間の経過とともに所得格差が縮小していくため，長期的には，両国の負担率は均等負担ルールの場合の負担率に近づいていく．

続いて，パラメータの値の変化が所得格差の時間推移に及ぼす影響について，その結果を紹介しよう．なお，変化させるパラメータ以外は基準値の値に固定している．最初に，前の期の人的資本ストックに関する人的資本生産の弾力性 $\delta$ の値を変化させる場合を考える．図5-2は，$\delta$ の値が基準値を含む3つの場合（$\delta = 0.7$, $\delta = 0.8$（基準値），$\delta = 0.9$）について，所得格差の時間推移を示したものである．図5-2 (a), (b) には，$\delta$ の値が大きいとき，均等負担ルールの場合だけでなく，所得比例負担ルールの場合であっても，短期的に所得格差が拡大する可能性があることが示されている．$\delta$ の値が大きいとき，人的資本ストックの蓄積が進んでいる国の方が，その蓄積のスピードは速くなる．人的資本ストックの蓄積により所得および消費は増加するが，同時に，環境への負荷も大きくなるため，両国の排出削減負担も大きくなり，それは人的資本の収益率を低下させ，それが人的資本蓄積を阻害する．排出削減による環境の改善が所得にもたらすプラスの効果と比較して，その人

## 5.2 Hirazawa, Saito and Yakita (2011) の議論

図 5-2 $\delta$ の値が所得格差に及ぼす効果

(a) 所得比例負担ルールの場合

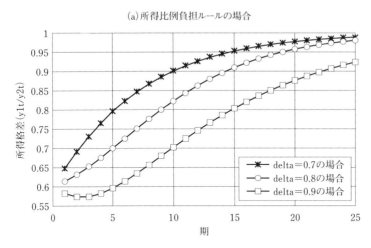

(b) 均等負担ルールの場合

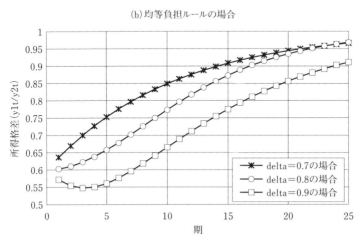

出所：Hirazawa, Saito and Yakita (2011), Fig.1, Fig.2, Fig.3, Table 1 より作成

的資本蓄積阻害によるマイナスの効果が相対的に大きい場合，所得の増加は小さくなる．排出削減の負担の増加によるマイナスの効果は所得の低い国の方が大きくなるため，$\delta$ の値が大きくなると所得格差の解消のスピードは遅くなり，さらに $\delta$ の値が大きくなると（$\delta = 0.9$），所得の低い国にとって相対的に負担の小さい所得比例負担ルールの場合であっても，短期的に所得格差が拡大する可能性が生じる[3]．

続いて図 5-3 は，人的資本生産の規模パラメータである $\tilde{\theta}$ の違いが，所得格差の推移に及ぼす効果を示したものである．ここでも，基準値を含む 3 つの場合（$\tilde{\theta} = 1.8$, $\tilde{\theta} = 2.0$（基準値），$\tilde{\theta} = 2.2$）が示されている．$\tilde{\theta}$ が小さいとき人的資本蓄積のスピードは低下する．上記 $\delta$ の値の変化の場合と同様に，排出削減の負担の増加が所得に及ぼすマイナスの効果は所得の低い国の方が大きくなるため，$\tilde{\theta}$ が小さいと所得格差解消のスピードは遅くなり，また相対的に負担が大きい均等配分ルールの場合には，短期的に所得格差が拡大する可能性があることが示されている[4]．

以上の結果から，Hirazawa, Saito and Yakita（2011）では，所得比例負担ルールであっても短期的に所得格差が拡大する可能性があり，そのとき高所得国はより長い期間にわたってより大きな負担を負うことになるが，しかし，それが環境水準を改善し，低所得国の所得を引き上げ，最終的に所得水準の収束をもたらすことから，高所得国の成長が国際的な不平等の解消にとって重要である，と結論付けている．

## 5.2 Hirazawa, Saito and Yakita (2011) の議論

図 5-3 $\tilde{\theta}$ の値が所得格差に及ぼす効果

(a) 所得比例負担ルールの場合

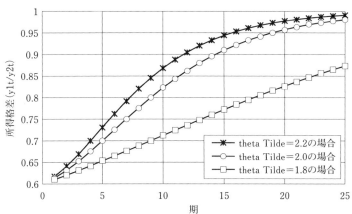

(b) 均等負担ルールの場合

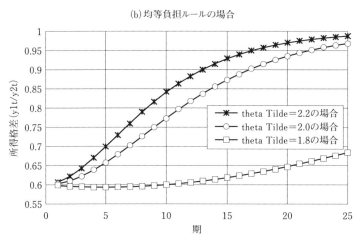

出所：Hirazawa, Saito and Yakita (2011), Fig.1, Fig.2, Fig.3, Table 1 より作成

## 5.3 おわりに

以上，Hirazawa, Saito and Yakita（2011）の議論を簡単に紹介した．1992 年の地球サミットで出された「環境と開発に関するリオ宣言」に盛り込まれた「共通だが差異ある責任（Common but Differentiated Responsibilities）」という言葉には，地球温暖化のようなグローバルな環境問題について，将来世代に対しては誰もが共通な責任を負うが，同時に先進国が自国の発展のために環境を犠牲にしてきた責任を忘れてはいけないという考えが反映されていた．そこで，高所得国の負担をもっと上げるべきである，という考え方もありうるが，Hirazawa, Saito and Yakita（2011）の議論から得られる含意として，高所得国の負担を重くしすぎると，世界の成長のエンジンともいえる高所得国の成長を阻害することになり，それが結果的に環境の改善や所得格差の解消を遅らせる可能性があるので，負担配分についてはその決定がかなり困難になる，ということがいえるであろう．

しかし，世界の温室効果ガスの排出の 4 割を新興国による排出が占めるようになった現在，先進国だけではなく，新興国，途上国，すべての国がその排出削減義務を負わなければ，地球温暖化を止めることはできない状況にある．ダーバンプラットホームと呼ばれるすべての国が参加する枠組みを前提に，世界の 100 を超える国々がパリ協定を批准している．このように，排出削減義務を一部の国だけでなく，すべての国で負うという方向転換がおこなわれたのであるが，経済発展の度合いが異なる国々が参加する新たな枠組みにおいて，すべての国が削減目標を提出・更新するという義務に

とどまるのか，あるいは，さらにその先の負担にまで踏み込むことになるのかはまだわからない．具体的な負担配分の決定はこれからであるが，本章で紹介した議論からは，本当の困難はこれからであるといえるかもしれない．

## 注

[1] 所得比例負担ルールの場合の各国の負担率は，$h_{jt}(j=1,2)$，および $\bar{P}$ を所与として，上記 $\tau_{jt+1}$ が満たす関係式を連立させて解くことにより得られる．

[2] Hirazawa, Saito and Yakita (2011) では，ここで紹介する数値例だけでなく，解析的な議論により，所得格差が十分に大きく，かつそのとき所得水準の高い国で人的資本蓄積に配分される時間が少ないときには，次の期の所得格差が前の期の所得格差よりも大きくなる可能性があることが示されている．

[3] 図 5-2，図 5-3 のより詳しい解釈が，Hirazawa, Saito and Yakita (2011) に与えられている．

[4] Hirazawa, Saito and Yakita (2011) では，この他にも，各負担配分ルールのもとで，$\rho, \sigma, \mu, \alpha, \beta$ の値の違いが所得格差の時間を通じた推移に与える影響について検討されている．

# 参考文献

Aghion, P. and P. Howitt (1992), "A Model of Growth through Creative Destruction," *Econometrica*, 60, pp. 323-351.

Aghion, P., and P. Howitt (1998), *Endogenous Growth Theory*, MIT Press.

Ayres, R. U. and A. V. Kneese (1969), "Production, Consumption and Externalities," *American Economic Review*, 59, pp. 282-297.

Azariadis, C., and A. Drazen (1990), "Threshold Externalities in Economic Development," *Quarterly Journal of Economics*, 105, pp. 501-525.

Baumol, W. J. and W. E. Oates (1971), "The Use of Standards and Prices for Protection of the Environment," *The Swedish Journal of Economics*, 73, pp. 42-54.

Becker, G. (1982), "Intergenerational Equity: The Capital-Environment Trade-Off," *Journal of Environmental Economics and Management*, 9, pp. 165-185.

Becker, G. and R. Barro (1988), "A Reformulation of the Economic of Fertility," *Quarterly Journal of Economics*, 103, pp. 1-26.

Bezin, E. (2015), "A Cultural Model of Private Provision and the Environment," *Journal of Environmental Economics and Management*, 71, pp. 109-124.

Bovenberg, A. L. and F. van der Ploeg (1994), "Environmental Policy, Public Finance and the Labour market in a Second-best World," *Journal of Public Economics*, 55, pp. 349-390.

Bovenberg, A. L. and S. Sjak (1995), "Environmental Quality and Pollution-augmenting Technological Change in a Two-Sector Endogenous Growth Model," *Journal of Public Economics*, 57, pp. 369-391.

Bovenberg, A. L. and S. Smulders (1996), "Transitional Impacts of Environmental Policy in an Endogenous Growth Model," *International Economic Review*, 37, pp. 861-893.

Bovenberg, A. L. and R. de Mooij (1997), "Environmental Tax Reform and Endogenous Growth," *Journal of Public Economics*, 63, pp. 207-237.

Bovenberg, A. L. and B.J. Heijdra (1998), "Environmental Tax Policy and Intergenerational Distribution," *Journal of Public Economics*, 67, pp. 1-24.

Bovenberg, A. L. and B.J. Heijdra (1998), "Environmental Abatement and Intergenerational Distribution," *Environmental and Resource Economics*, 21, pp. 317-342.

Brock, W. A. (1977), "A Polluted Golden Age," in V. L. Smith (ed.), *Economics of Natural and Environmental Resources*, ch. 25, Gordon and Breach.

Cass, D. (1965), "Optimum Growth in an Aggregative Model of Capital Accumulation," *Review of Economic Studies*, 32, pp. 233-240.

Dasgupta, P. S. and G. M. Heal (1979) *Economic Theory and Exhaustible Resources*, Cambridge University Press.

de la Croix, D. and A. Gosseries (2012) "The Natalist Bias of Pollution Control," *Journal of Environmental Economics and Management*, 63, pp.271-287.

de la Croix, David, (2013), *Fertility, Education, Growth, and Sustainability*, Cambridge University Press.

de la Croix, D. and P. Michel (2002) *A Theory of Economic Growth (Dynamics and Policy in Overlapping Generations)*, Cambridge University Press.

De Mooij, R. A. (2000), *Environmental Taxation and the Double Dividend*, North-Holland.

Diamond, P. (1965), "National Debt in a Neoclassical Growth Model," *American Economic Review*, 55, pp. 1126-1150.

ECN Policy Studies and Ecofys (2016), *Annual Status Report on Nationally Appropriate Mitigation Actions (NAMAs) 2016*.

Glomm, G. and B. Ravikumar (1992), "Public versus Private Investment in Human Capital: Endogenous Growth and Income Inequality," *Journal of Political Economy*, 100, pp. 818-834.

Coase, Ronald H. (1960), "The Problem of Social Cost," *Journal of Law and Economics*, 3, p.1-44.

Gradus, R. and S. Smulders (1993), "The Trade-off between Environmental Care and Long-term Growth: Pollution in Three Prototype Growth Models," *Journal of Economics*, 58, pp. 25-51.

Grimaud A. (1999), "Pollution Permits and Sustainable Growth in a Schumpetarian Model," *Journal of Environmental Economics and Management*, 38, pp. 249-266.

Grossman, G. M. and E. Helpman (1991), *Innovation and Growth in the Global Economy*, MIT Press.

Grossman, G. M. and A. B. Krueger (1995), "Economic Growth and the Environment," *Quarterly Journal of Economics*, 110, pp. 353-377.

Gruver, G. W. (1976), "Optimal Investment in Pollution Control Capital in a Neoclassical Growth Context," *Journal of Environmental Economics and Management*, 3, pp. 165-177.

Hirazawa, M., K. Saito, A.Yakita (2011), "Effects of International Sharing of Pollution Abatement Burdens on Income Inequality Among Countries," *Journal of Economic Dynamics and Control*, 35, pp. 1615-1625.

Huang C.-H. and D. Cai (1994), "Constant-Returns Endogenous Growth with Pollution Control," *Environmental and Resource Economics*, 4, pp. 383-400.

Ihori T. (1998), "Environmental Externalities and Growth," in Sato R. et al., eds., *Global Competition and Integration*, pp. 293-314, Kluwer Academic Publishers.

John, A. and R. Pecchenino (1994), "An Overlapping Generations Model of Growth and the Environment," *Economic Journal*, 104, pp. 1393-1410.

John, A., R. Pecchenino, D. Schimmelpfennig and S. Schreft (1995), "Short-lived Agents and the Long-lived environment," *Journal of Public Economics*, 58, pp. 127-141.

John, A. A. and R. A. Pecchenino (1997), "International and Intergenerational Environmental Externalities," *Scandinavian Journal of Economics*, 99, pp. 371-387.

Jones L. A. and R. E. Manuelli (2001), "Endogenous Policy Choice: The Case of Pollution and Growth," *Review of Economic Dynamics*, 4, pp. 369-405.

Jouvet, P.-A., P. Michel, and J. P. Vidal (2000a), "Intergenerational Altruism and the Environment," *Scandinavian Journal of Economics*, 102, pp. 135-150.

Jouvet, P.-A., P. Michel, and P. Pestieu (2001b), "Altruism, Voluntary Contributions, and Neutrality: The Case of Environmental Quality," *Economica*, 67, pp. 465-475.

Jouvet, P.-A., P. Michel and G. Rotillon (2005) "Equilibrium with a Market of Permits," *Research in Economics*, 59, pp. 148-163.

Jouvet, P.-A., P. Pestieau, and G. Ponthiere (2010), "Longevity and Environmental Quality in an OLG Model," *Journal of Economics*, 100, pp. 191-216.

Keeler, E., M. Spence and R. Zeckhauser (1971), "The Optimal Control of Pollution," *Journal of Economic Theory*, 4, pp. 19-34.

Kemp, M. C. and N. V. Long (1984), *Essays in the Economics of Ex-*

haustible Resources, North-Holland.

Kitaura K., T. Naito and T. Omori (2015) "Treat the Earth: Natural Environment, Fertility, and Government in an Overlapping Generations Economy," 応用経済学研究, 9, pp. 1-13.

Koopmans, T. C. (1965), "On the Concept of Optimal Economic Growth," in *The Econometric Approach to Development Planning*, North-Holland.

Ligthart, J. E. and van der Ploeg, F. (1994), "Pollution, the Cost of Public Funds and Endogenous Growth," *Economics Letters*, 46, pp. 339-349.

Lucas, R. E. (1988), On the Mechanics of Economic Development," *Journal of Monetary Economics*, 22, pp. 3-42.

Leiby, P. and J. Rubin (2001), "Intertemporal Permit Trading for the Control of Greenhouse Emissions," *Environmental and Resource Economics*, 19, pp. 229-256.

Mäler, K.-G., (1974), *Environmental Economics: A Theoretical Inquiry*, Johns Hopkins University Press.

Mariani, F., A. Perez-Barahona and N. Raffin (2010), "Life expectancy and the environment," *Journal of Economic Dynamics and Control*, 34, pp. 798-815.

Michel, P. and G. Rotillon (1995), "Disutility of Pollution Endogenous Growth," *Environmental and Resource Economics* 6, pp. 279-300.

Mothadi, H. (1996), "Environment, Growth, and Optimal Policy Design," *Journal of Public Economics* 63, pp. 119-140.

Oates, W. E. ed. (1992), *The Economics of the Environment*, Edward Elgar.

Ono, T. (1995), "Optimal Tax Schemes and the Environmental Externality," *Economics Letters*, 53, 283-289.

Ono, T. (2002), "The Effects of Emission Permits on Growth and the Environment," *Environmental and Resource Economics*, 21, pp. 75-87.

Ono, T. and Y. Maeda (2001), "Is Aging Harmful to the Environment?," *Environmental and Resource Economics*, 20, pp. 113-127.

Ono, T. and Y. Maeda (2002a), "Sustainable Development in an Aging Economy," *Environment and Development Economics*, 7, pp. 9-22.

Ono, T. and Y. Maeda (2002b), "Pareto-improving Environmental Policies in an Overlapping Generations Model," *Japanese Economic Review*, 53, pp. 211-225.

Ono, T. (2003) "Environmental Tax Policy and Long-run Economic Growth," *Japanese Economic Review*, 54, pp. 203-217.

Pautrel, X. (2012), "Pollution, Private Investment in Healthcare, and Environmental Policy," *Scandinavian Journal of Economics*, 114, pp. 334-357.

Pigou, A. C. (1920), *The Economics of Welfare*, Macmillan.

Ricci, F. (2007) "Channels of Transmission of Environmental Policy to Economic Growth: A Survey of the Theory," Ecological Economics, 60, pp. 688-699.

Romer, P. (1986), "Increasing Returns and Long Run Growth," *Journal of Political Economy*, 94, pp. 1002-1037.

Romer, P. (1990), "Endogenous Technological Change," *Journal of Political Economy*, 98, pp. S71-S102.

Samuelson, P. A. (1958), "An Exact Consumption-Loan Model of Interest with or without the Social Contrivance of Money," *Journal of Political Economy*, 66, pp. 467-482.

Schumacher, I. and B. Zou (2008), "Pollution Perception: A Challenge for Intergenerational Equity," *Journal of Environmental Economics and Management*, 55, pp. 296-309.

Smulders, S. and R. Gradus (1996), "Pollution Abatement and Long-term Growth," *European Journal of Political Economy*, 12, pp. 505-532.

Solow, R. M. (1986), "On the Intergenerational Allocation of Natural Resources," *Scandinavian Journal of Economics*, 88, pp. 141-149.

Stokey, N. L. (1998), "Are There Limits to Growth?," *International Economic Review*, 39 pp. 1-31.

Tahvonen, O. and C. Withagen (1996), "Optimality of Irreversible Pollution Accumulation," *Journal of Economic Dynamics and Control*, 20, pp. 1775-1795.

van der Ploeg, F. and C. Withagen (1991), "Pollution Control and the Ramsey Problem," *Environmental and Resource Economics*, 1, pp. 215-236.

Varvarigos, D. (2010), "Environmental Degradation, Longevity, and the Dynamics of Economic Development," *Environmental and Resource Economics*, 46, pp. 59-73.

Wirl, F., 1999, "Complex, Dynamic Environmental Policies," *Resource and Energy Economics*, 21, pp. 19-41.

World Bank, Ecofys, and Vivid Economics (2016), *State and Trends of Carbon Pricing 2016*.

Yakita, A. (2003), "Taxation and Growth with Overlapping Generations," *Journal of Public Economics*, 87, pp. 467-487.

Yoshida, M. (1998), "Nash Equilibrium Dynamics of Environmental and Human Capital," *International Tax and Public Finance*, 5, pp. 357-377.

Xepapadeas. A., (2005), "Economic Growth and the Environment," in K-G. Mäler and J. Vincent (eds.), *Handbook of Environmental Economics*, 3, ch. 23, North-Holland.

Zhang J. (1999), "Environmental Sustainability, Nonlinear Dynamics and Chaos," *Economic Theory*, 14, pp. 489-500.

井上知子，平澤誠，(2001),「人的資本蓄積と環境」,南山経済研究, 16 巻, pp. 157-167.

井堀利宏, (2003),『課税の経済理論』, 岩波書店.

植田和弘 (1996),『環境経済学』, 岩波書店.

平澤誠, (2007),「環境意識, 企業行動と経済成長」,『公共経済学研究Ⅳ』, 中京大学経済学部付属経済研究所, 第 6 章, pp. 75-88.

平澤誠, (2002),「環境外部性, 課税政策, および経済成長」中京大学大学院経済学研究科博士(経済学)学位請求論文.

馬奈木俊介, (2010),『環境経営の経済分析(環境経営イノベーション)』, 中央経済社.

柳瀬明彦, (2002),『環境問題と経済成長理論』, 三菱経済研究所.

著　者

平澤　誠（ひらざわ　まこと）

略　　歴—1971 年、愛知県に生まれる。1994 年、中京大学経済学部卒業、2002 年、博士（経済学）中京大学。中京大学非常勤講師、名古屋大学大学院経済学研究科研究員（非常勤）等を経て、2013 年より中京大学経済学部准教授。

専　　攻—公共経済学、環境経済学

主要論文—"Effects of International Sharing of Pollution Abatement Burdens on Income Inequality among Countries," *Journal of Economic Dynamics and Control* (2011) (with Akira Yakita and Koichi Saito)

"Fertility, Child Care outside the Home, and Pay-as-you-go Social Security," *Journal of Population Economics* (2009) (with Akira Yakita)

"Labor Supply of Elderly People, Fertility, and Economic Development," *Journal of Macroeconomics* (2017) (with Akira Yakita)

---

中京大学経済学研究叢書第 25 輯
環境外部性と課税政策―成長モデルによる分析―

2017 年 3 月 10 日　第 1 版第 1 刷発行

著者　平　澤　　誠

発行者　井　村　寿　人

発行所　株式会社　勁　草　書　房

112-0005　東京都文京区水道 2-1-1　振替　00150-2-175253
（編集）電話 03-3815-5277／FAX 03-3814-6968
（営業）電話 03-3814-6861／FAX 03-3814-6854
大日本法令印刷・牧製本

©HIRAZAWA Makoto　2017

ISBN978-4-326-54964-1　Printed in Japan

JCOPY ＜(社)出版者著作権管理機構　委託出版物＞

本書の無断複写は著作権法上での例外を除き禁じられています。複写される場合は、そのつど事前に、(社)出版者著作権管理機構（電話 03-3513-6969、FAX 03-3513-6979、e-mail: info@jcopy.or.jp）の許諾を得てください。

＊落丁本・乱丁本はお取替いたします。

http://www.keisoshobo.co.jp

## 中京大学経済学研究叢書

| | | | |
|---|---|---|---|
| 第 1 輯 | 国際貿易の理論<br>柿元純男著 | A5 判 | 品 切 |
| 第 2 輯 | 教育経済学<br>白井正敏著 | A5 判 | 品 切 |
| 第 3 輯 | 江戸時代の経済思想<br>川口　浩著 | A5 判 | 品 切 |
| 第 4 輯 | 景気循環の経済学<br>岩下有司著 | A5 判 | 4100 円 |
| 第 5 輯 | 非線形計画と非線形固有値問題<br>中山惠子著 | A5 判 | 品 切 |
| 第 6 輯 | 地方都市レスターの経済発展<br>渡邊文夫著 | A5 判 | 3200 円 |
| 第 7 輯 | 新しい日本銀行<br>鐘ヶ江毅著 | A5 判 | 品 切 |
| 第 8 輯 | 世代間所得移転政策と家族の行動<br>釜田公良著 | A5 判 | 2700 円 |
| 第 9 輯 | 国際労働移動の経済学<br>近藤健児著 | A5 判 | 品 切 |
| 第10輯 | 都市鉄道の次善料金形成<br>鈴木崇児著 | A5 判 | オンデマンド |
| 第11輯 | 投入産出分析と最適制御の環境保全への応用<br>中山惠子著 | A5 判 | 3300 円 |
| 第12輯 | 近世農村地域社会史の研究<br>阿部英樹著 | A5 判 | オンデマンド |
| 第13輯 | 金融機関の経営と株式市場<br>小林　毅著 | A5 判 | オンデマンド |
| 第14輯 | 国際貿易の理論と開発政策<br>梅村清英著 | A5 判 | 品 切 |
| 第15輯 | 東アジア経済の連関構造の計量分析<br>山田光男著 | A5 判 | オンデマンド |
| 第16輯 | 江戸時代の八事山興正寺<br>阿部英樹著 | A5 判 | オンデマンド |
| 第17輯 | 環境，貿易と国際労働移動<br>近藤健児著 | A5 判 | 品 切 |
| 第18輯 | 日本の景気循環と低利・百年国債の日銀引き受け<br>岩下有司著 | A5 判 | 4400 円 |
| 第19輯 | 幕末・維新期の八事山興正寺<br>阿部英樹著 | A5 判 | オンデマンド |
| 第20輯 | 市町村人口規模と財政<br>古川章好著 | A5 判 | 3500 円 |
| 第21輯 | イギリス住宅政策史研究一九一四～四五年<br>椿　建也著 | A5 判 | 3300 円 |
| 第22輯 | 公私企業間競争と民営化の経済分析<br>都丸善央著 | A5 判 | 3800 円 |
| 第23輯 | 環境問題における非金銭的インセンティブの役割<br>内田俊博著 | A5 判 | 3200 円 |
| 第24輯 | 百年前の中京名古屋<br>阿部英樹著 | A5 判 | 5000 円 |

＊表示価格は 2017 年 3 月現在．消費税は含まれておりません．